O SEGREDO
DA MULHER DE SUCESSO
NO AMOR E NA CARREIRA

Selma Arau

O SEGREDO
DA MULHER DE SUCESSO
NO AMOR E NA CARREIRA

MADRAS®

© 2017, Madras Editora Ltda.

Editor:
Wagner Veneziani Costa

Produção e Capa:
Equipe Técnica Madras

Revisão:
Silvia Massimini Felix
Jerônimo Feitosa

Dados Internacionais de Catalogação na Publicação (CIP)
(Câmara Brasileira do Livro, SP, Brasil)

Arau, Selma
O segredo da mulher de sucesso no amor e
carreira / Selma Arau. -- São Paulo : Madras, 2017.

ISBN: 978-85-370-1044-0

1. Amor 2. Carreira profissional
3. Desenvolvimento pessoal 4. Mulheres -
Comportamento 5. Mulheres - Conduta de vida
6. Mulheres - Psicologia 7. Sexualidade I. Título.
17-01292 CDD-155.333

Índices para catálogo sistemático:
1. Mulheres : Psicologia 155.333

É proibida a reprodução total ou parcial desta obra, de qualquer forma ou por qualquer meio eletrônico, mecânico, inclusive por meio de processos xerográficos, incluindo ainda o uso da internet, sem a permissão expressa da Madras Editora, na pessoa de seu editor (Lei nº 9.610, de 19/2/1998).

Todos os direitos desta edição reservados pela

MADRAS EDITORA LTDA.
Rua Paulo Gonçalves, 88 – Santana
CEP: 02403-020 – São Paulo/SP
Caixa Postal: 12183 – CEP: 02013-970
Tel.: (11) 2281-5555 – Fax: (11) 2959-3090
www.madras.com.br

AGRADECIMENTOS

Aos meus ancestrais paterno e materno.
Ao meu pai, que foi meu guardião.
À minha mãe, meu impulso para a evolução espiritual.
Aos amores da minha vida, meu companheiro Leo, nossas filhas,
Larysa, Itana, Victória Maria, e neta, Lua.

DEDICATÓRIA

Ao Bem Maior.

ÍNDICE

SE ALGO NÃO VAI BEM EM SUA VIDA,
É POR CAUSA DA SEXUALIDADE 13

IINTRODUÇÃO.. 15

I – DESAFIOS DA MULHER MODERNA 20

    No Amor 21

    Na Carreira 23

    Desafios do Amor e Carreira juntos....................24

    E o Sexo? 25

II – O QUE IMPEDE O SUCESSO NO AMOR
E NA CARREIRA... 26

III – HISTÓRIAS REAIS DE MULHERES, NO AMOR 30

    Sozinha..30

    Diplomada Solitária..33

    Desvalorizada 36

    Mal Acompanhada..39

IV - HISTÓRIAS REAIS DE MULHERES, NA CARREIRA 42

    Nunca sou promovida...43

    Ganho bem, mas não gosto do meu trabalho.................45

    Sorte no trabalho, azar no amor 47

V – PRAZER, EU SOU O PRAZER! 58

Casada, sinto desejo sexual por meu vizinho...................58
Ela me culpa por não sentir orgasmo.............................63
Sempre fingi orgasmos..67
Boa de Cama...68

VI – SEPARAÇÃO ENTRE AMOR E SEXO............................... 74

Te amo, mas transo com outro.......................................75
Eles também sofrem ao separar amor e sexo 82
Te amo, mas transo com outras......................................86

VII – JOGO DE PODER, USO DO SEXO................................ 93

Meu marido diz que sou frígida! 94
O amor contra o jogo 97
Despeça-se do machismo todos os dias...........................99
Sim, você é tudo isso! 101

VIII – UNIÃO ENTRE AMOR E SEXO 104

Quando se une, monogamia. Quando se separa, bigamia..... 108
Fantasia sexual 114
Faço amor comigo – Um pouco do segredo 118
Como saber se eu me amo? 121
O que fazer quando o relacionamento esfria 123
Mais um pouco do segredo 126

ATIVIDADES DE EXPRESSÃO CORPORAL – O PODER DA ENTREGA.. 143

IX – SE ALGO VAI BEM EM SUA VIDA, É POR CAUSA DA SEXUALIDADE 155

Você é sua sexualidade, sua sexualidade é você! 155
Em mim ninguém bate! 165

X – O SEGREDO.. 171

    Cabeça. Coração. Pelve 172

TUDO IRÁ BEM EM SUA VIDA, GRAÇAS
A SUA SEXUALIDADE 181

REFERÊNCIAS BIBLIOGRÁFICAS 182

SE ALGO NÃO VAI BEM EM SUA VIDA, É POR CAUSA DA SEXUALIDADE

"Se algo negativo se repete em sua vida, saiba que a sexualidade tem tudo a ver com isso."

Selma Arau

INTRODUÇÃO

Há algumas décadas guardo esse fato comigo, silenciosamente...

Depois de também algumas décadas de terapia, estudos e tratamento amoroso comigo mesma, consigo falar, escrever sobre ele além dos consultórios.

Quando lancei meu primeiro livro, *Boa de Cama*, me perguntaram o que me motivou a escrevê-lo, mas não consegui dizer totalmente a resposta.

Contudo, esse livro já tinha por base minha experiência de vida lá na infância.

Agora eu consigo falar...

Eu

Descobri muito cedo que pessoas com problemas em aceitar a própria sexualidade têm problemas de aceitação com seus corpos, pensam que o ato sexual é algo pervertido e do mal, fazem maldades com os outros, ou atraem coisas negativas para si mesmas.

Muitos acreditam que sexualidade é apenas o sexo.

O ato sexual é uma das manifestações da sexualidade.

Ao escrever, uso minha energia, libido para isso. Ao tocar alguém, é minha energia que a toca. Essa energia é o que nos mantém vivos, é a força de onde viemos, eu a nomeio de sexualidade.

Quanto mais equilibrada essa energia estiver, principalmente através da autoaceitação, reconexão com ela, melhor serão suas escolhas para a vida, mais fortes as repelências aos eventos negativos.

Sexualidade é a expressão da pessoa adulta no mundo.

Por isso, ela é tudo na vida, por ser a própria vida!

Quem está desconectado, vai abusar ou ser abusado, ou as duas coisas simultaneamente.

Desejo partilhar com vocês minha história!

Quando criança, eu não tive vários colos masculinos para me sentar e confiar, pois eles "me passaram a mão"!

Era tudo muito confuso para mim porque eu era criança, não entendia nada, só achava que algo estava errado.

É assustador para uma menina sentir que isso esteja lhe acontecendo.

As pessoas acreditam que abuso sexual só acontece quando se tem penetração, mas não é bem assim.

Passar a mão no corpo da criança sexualmente, o olhar de "comer", esfregá-la no órgão sexual e ainda abençoá-la como se nada tivesse acontecido é abuso sexual velado...

Sem marcas de sangue, esconde qualquer vestígio do ato, mas marca a alma!

Fica tudo muito sigiloso, então ninguém pode defender a criança, e ela se sentirá ainda mais violentada, por não ter ninguém com quem contar.

Daí desenvolverá transtornos para tentar resolver esse trauma.

Eu tive severas dificuldades em aceitar meu corpo.

Dietas malucas, até urina eu bebi para emagrecer, mesmo não sendo gorda.

Compulsão alimentar, em que eu disparava a comer e depois parava de comer.

Era o sentimento de culpa, que gerava raiva contra meu corpo, jeito de eu dizer a ele que era o responsável pelos homens terem me passado a mão.

Nosso corpo é sexual, porque viemos do ato sexual.

A criança vivencia essa sexualidade através do olhar de amor dos pais, e da sensação de que tocam seu corpo com o mais profundo amor e respeito.

Para os pais fazerem esse ato amoroso, eles precisam estar conectados, senão vira abuso.

Por isso, nós pais e mães precisamos estar atentos, para podermos enxergar quem está na área do abuso.

Tudo começou desse jeito em minha vida, a partir de uma experiência que me tornou vítima de abuso sexual...

Buscar explicação sobre por que gente grande fazia essas coisas com meninas e meninos.

Nunca disse uma palavra a meus pais!

Ao escrever este livro, consegui conversar com minhas três filhas sobre essa parte da história de minha vida.

Elas quiseram saber, por quê? Quem? Quando?

Os mesmos questionamentos que me motivaram a buscar explicações, enxergar que algo de errado aconteceu e eu precisava me curar.

Essa cura só poderia estar onde a ferida foi aberta, na sexualidade!

Através de sua ressignificação...

Digo a vocês que a maioria das crianças fica calada, porque se sentem culpadas pelo que fazem contra elas.

Não conseguem laborar o fato, só pensam: "algo estranho me acontece"!

Esse fato teve sérias consequências negativas em minha vida pessoal, com alguns casamentos findados, necessidade de me vingar dos homens, feri-los.

E, na profissional, através de eu atrair chefes abusadores, sobrecarregar-me ao tentar ser "boazinha" com todos, ser traída por alguns colegas, ter dificuldade em crescer na carreira.

Eu também me tornei uma abusadora, de meu corpo, de minha mente, de minha vida...

Ao fazer isso comigo, como você acha que eu seria tratada pelos outros?

Foi uma longa caminhada até eu perceber que os abusadores partiram meu coração, dividiram-me ao meio, separaram de mim quem eu sou...

Eu precisava me reconectar comigo!

Descobri, depois de anos e anos de dor e luta, que eu estava totalmente desconectada de minha sexualidade.

Mas o melhor é que eu aprendi como me reconectar para vivenciar o sucesso, no aspecto afetivo da palavra, sem concorrência, no amor e na carreira.

Porque toda mulher, hoje, trabalha, luta, e muitas ainda sonham com um parceiro no amor.

Quando é realmente o desejo de partilhar a vida com alguém, sem qualquer dependência nem obrigação social, cultural, será amorosa a experiência.

Mas, também, nenhuma mulher precisa se sujeitar às exigências de "ter um homem", aff!

Ao mesmo tempo que a experiência foi trágica, negativa, foi a motivação para eu resolver tudo isso buscando entender, conhecer o que hoje eu nomeio de "energia vital", a sexualidade!

O que me traumatizou foi a manifestação de uma sexualidade doentia daqueles homens. Minha salvação foi eu transformar, construir novo significado para a sexualidade, sob a luz do amor.

Acreditar que ela é "do mal" estaria me condenando a ser "do mal", a viver sempre experiências negativas, pois somos todos expressão de nossa sexualidade.

E as marcas do abuso, de qualquer de suas formas, podem ser curadas pela reconexão com nossa sexualidade.

Estou totalmente curada!

Desejo contribuir para a cura de feridas do coração, mas principalmente da alma.

Ajudar a encontrar o caminho para aceitar quem você é, seja qual for sua história de vida.

Tudo que fazemos é reflexo, expressão de nossa sexualidade, e energia de onde viemos.

Como se reconectar com ela, e desfrutar do sucesso no conceito do Criador, na vida amorosa e profissional?

É este o segredo que eu vou lhe contar!

I – DESAFIOS DA MULHER MODERNA

A desconexão com a sexualidade deixa a mulher vulnerável aos eventos negativos.

Ela se torna vítima das circunstâncias no amor, na vida profissional.

Mas toda vítima também é abusadora!

Minha história me comprovou isso, pois nos tornamos abusadoras de nós mesmas.

Sujeitando-nos a várias experiências negativas, colocando nosso coração e corpo à disposição dos outros.

Por isso...

Caso algo negativo venha se repetindo em sua vida, seja no relacionamento pessoal, familiar, com você mesma, em sua profissão, saiba que a sexualidade tem tudo a ver com isso.

Vários são os desafios do dia a dia e da noite...

Isso faz parte da vida, desde que ela não seja somente desafios, pois é preciso haver desfrute e muito, muito prazer.

Acontece é que os medos não podem nos dominar!

Medos de tantas coisas que diminuem a expressão da alegria, da vivência do amor que valha a pena, o desfrute do trabalho e do salário.

Insegurança!

Você se sente segura na maioria das vezes?

Confia em você sempre?

Compete com outras mulheres?

Vê-se de forma negativa e inferior?

Engordou ou emagreceu e já sente raiva de si mesma?

Cria experiências para se sentir culpada?

Tudo pode ser melhorado, inclusive o que já está bom.

Vamos conversar e apresentar as soluções para alguns problemas da mulher moderna.

NO AMOR

✓ **Medo de ficar sozinha**

Existem duas formas de esse medo de ficar sozinha aparecer:

• **Medo de nunca se casar**, de jamais encontrar e viver uma história de amor, porque investiu tanto na carreira e deixou um pouco de lado a vida amorosa...

Aí, só vive de desencontro, justifica-se que não tem tempo para namorar, é muito compromissada, mas sente grande desejo de namorar!

Porém lhe falta energia, a que vem da sexualidade, para a realização!

• **Medo de ser trocada por outra,** mais bonita, mais magra, mais jovem, mais musculosa, barriga negativa, que faz sexo subindo pelas paredes e desce arranhando as unhas até o chão.

E mais...

Com glúteo durinho, daqueles que se esbarrar nele a pessoa diz: "ai, que trem duro"!

Sempre há uma fruta nova, uma barriga nova, uma boca nova, enfim...

Sem julgamentos a quem quer ser fruta, árvore, castanha.

A questão é a concorrência com quem quer que seja!

Mas também é possível que o medo de se envolver tenha a ver com ter sido duramente traída!

✓ Medo de envelhecer

Vive em uma constante luta contra seu corpo, em vez de lutar contra tudo que seja contra seu corpo.

Luta contra o corpo: Quando a mulher que sempre faz alguma coisa, quanto mais faz, mais se sente insatisfeita!

Luta a favor do corpo: Quando cada tratamento estético ou cirúrgico que faz é um cuidado com o corpo, sente-se satisfeita, pois já tem satisfação consigo mesma.

Lutar é diferente de cuidar!

Vamos vasculhar isso e jogar no lixo!

✓ Concorrência com outras ou todas as mulheres

Os homens nem têm chances com elas, pois só olham para o glúteo de outra, a roupa da outra, o homem da outra...

Vive sempre em uma disputa interna com outras mulheres que são ou mais bonitas, mais gostosas, mais bem-sucedidas...

Ao ver outra mulher, já começa a análise...

Mais do que eu, menos do que eu!

Inveja, tristeza, frustração porque a outra é...

Ou então, mais feia do que eu, mais baixa, mais gorda, mais pobre...

✓ Insatisfação sexual

Mais de 50% das mulheres se queixam de que nunca sentiram ou quase não sentem o orgasmo, ou quando sentem ele é fraco.

Há grande percentual de mulheres com desejo sexual hipoativo, ou seja, não sentem vontade de fazer amor. Estão sempre desanimadas, cansadas, sem libido para namorar.

Ninguém é obrigada a sentir orgasmo.

Mas ele é sintoma de saúde e conexão com a força criadora, com o amor!

Entregar-se ao próprio corpo!

Só consegue essa entrega quem ama o próprio corpo.

Difícil para nós, mulheres, não é?

Como era o prazer sexual de nossas avós?

Como é nosso prazer hoje?

Tudo isso é resultado da desconexão com a sexualidade!

NA CARREIRA

✓ **Gostam do trabalho, mas ganham pouco**

Muitas trabalham com o que gostam, mas são insatisfeitas financeiramente;

Outras vezes, trabalham com prazer, mas quando recebem o contracheque acaba o prazer.

✓ **Tem ótimo salário, mas não gosta do que faz**

Têm ganhos extraordinários, mas não gostam do que fazem.

✓ **Não descobriram o que gostam de fazer**

✓ **Não sabem como aprender a gostar do trabalho**

NÓS NO MERCADO DE TRABALHO...

Amor e carreira são temas centrais da vida da mulher moderna!

No âmbito profissional, somos quase 42,79% de trabalhadoras no Brasil, cada vez mais ocupando cargos de comando nas empresas privadas e órgãos públicos.

É preciso enxergar essa mulher na integralidade, pois quanto mais satisfeita estiver em sua vida pessoal, consigo mesma, mais sua carreira se beneficiará.

Investir em autoconfiança para desempenhar liderança de equipe, composta muita vezes por homens, aumentar a produtividade e conquistar o pódio de sua ascensão aliado ao sucesso pessoal.

Aumentar a segurança para crescer profissionalmente na medida em que se realiza em outras áreas de sua vida!

A cada ano aumenta a quantidade de mulheres que são chamadas de diplomadas solitárias, profissionais desoladas, pois ainda lhes falta a realização amorosa.

Acreditam que formação profissional, diploma, carreira, excluem o amor!

É a desconexão!

A crença de que só pode ter pela metade.

Quanto mais se equilibrarem esses dois aspectos, vida profissional e pessoal, melhores serão os resultados produtivos para a empresa, e a saúde emocional, física, intelectual e espiritual da mulher.

Ninguém precisa de um relacionamento para ser feliz, mas um relacionamento feliz é necessário!

A insatisfação pessoal pode comprometer a vida profissional, e a frustração na carreira afeta a vida a dois!

Mas não precisa ser assim!

O sucesso na carreira ajuda no relacionamento, o sucesso no amor potencializa os melhores resultados na profissão. Os dois juntos, amor e carreira, em um ciclo de contribuição mútuo para promover o empoderamento da mulher moderna!

O segredo para essa conquista?

Você o descobrirá, agorinha!

DESAFIO DO AMOR E CARREIRA JUNTOS

Ter sucesso, no conceito do Criador, tanto no amor quanto na carreira, é aquele que promove satisfação, realização, crescimento e felicidade!

Energia para amar porque tem energia para trabalhar e vice--versa!

Essa energia é a sexualidade, força que nos mantém vivas.

Quem disse que precisa ser assim?

Chega de ser diplomada solitária!

Chega de ser bem-sucedida profissional e sozinha!

Chega de ter uma coisa e não ter outra.

Ou, se tiver os dois, eles não precisam ser mais ou menos!

Quem disse que precisa ter uma coisa ou outra?

Ou ser feliz no amor e ter fracasso na carreira ganhando pouco, em ambiente que não gosta, com chefias horríveis.

Ganhar muito dinheiro na carreira, ser a melhor profissional e de destaque, mas viver sozinha, solitária, só desejando um amor, mas nunca dá certo esse amor?

Não que a mulher seja obrigada a ter um homem para ser feliz. Não é isso!

A questão é o desejo!

Se sente o desejo de encontrar alguém, REALIZE-O!

E O SEXO?

O sexo é expressão do amor!

O amor é dito através do ato sexual!

Na vida a dois, o encontro íntimo é a forma mais profunda de dizer "eu te amo"!

Amor e sexo são inseparáveis!

Não existe essa divisão de que sexo é uma coisa e amor é outra.

Caso você acredite nisso, terá grandes chances de atrair parceiros ou companheira que a amam, mas não a desejam.

Ou que a querem na cama, mas não a respeitam, por separar amor de sexo!

Vamos conversar sobre isso no item "União entre Amor e Sexo"!

II – O QUE IMPEDE O SUCESSO NO AMOR E NA CARREIRA

Sabe por que essas coisas acontecem?

Qual é a causa desse problema?

O porquê desses vários medos que assolam a mulher moderna?

Grave, para a vida toda, o que eu vou lhe dizer.

No caminho, vai encontrar terreno pedregoso para matar o que vou lhe dizer, ou espinhos de palavras para você desacreditar.

Você verá e ouvirá pessoas dizerem que isso é bobagem, invencionice. Persevere!

Eu sou o exemplo vivo de que tudo isso é real.

Abra seu coração, permita-se ouvir com ele.

Vai fazer uma varredura de tudo e qualquer coisa que a esteja atrapalhando, impedindo-o de ser feliz no amor e ter sucesso em sua carreira.

TODOS AQUELES MEDOS E INSATISFAÇÕES NO RELACIONAMENTO E TODAS AS FRUSTRAÇÕES NA CARREIRA SÃO O RESULTADO DA AUSÊNCIA DE AUTOPOSSE DA SEXUALIDADE DA MULHER MODERNA!

Por que o problema é a falta de conexão e autoposse com a própria sexualidade?

Podem pensar que o problema é a falta de vagas no mercado de trabalho ou pouco homem para muita mulher.

Eu asseguro a vocês: mesmo se houver poucas vagas e poucos homens, o problema continua sendo a falta de conexão e autoposse com a sexualidade.

Três questões que comprovam isso:

Primeiro – Por que vocês acham que sempre tentaram retirar da mulher seu direito ao desfrute da sexualidade, na linguagem comum, do ato sexual?

Por que a questão sexual para o homem é até irrestrita, quando, se a mulher revelar seus desejos íntimos, ela é julgada como profissional do sexo, de algum modo como alguém que não pertence nem merece o seio familiar?

A sexualidade dá poder a quem a possui e domina!

Ela está no corpo, no que se pensa, sente e faz com ela.

Nascemos dela e com ela, só a perdemos com a morte ou a morte em vida.

Não se apropriar disso é negar a si mesma, quem nega a si mesma só vai fazer escolhas insatisfatórias. Entende?

Segundo – A autoposse da sexualidade é o que difere a menina da mulher.

Enquanto a menina é insegura por conta da imaturidade, a mulher só é segura se deixou de ser menina.

O que transforma a menina em mulher é a autoposse de sua sexualidade.

Quem não está ligada à sua sexualidade não acessa seus desejos, e quem não acessa seus desejos vai fazer escolhas infelizes e insatisfatórias.

Por isso, conquista diplomas, currículo invejável e ainda vive com medo de não encontrar o amor da vida.

De ser trocada por outra mais bonita, mais magra, barriga trincada, glúteos avantajados, de envelhecer.

Ou trabalhar para morrer no que não gosta, sem ser reconhecida profissionalmente.

Até pode fazer mais sexo, contudo o índice de mulheres insatisfeitas sexualmente em plena era chamada de moderna tem insatisfação antiga.

Ainda se sentir usada quando faz sexo!

Fazer sexo só para agradar o parceiro.

Não desfrutar do prazer no abraço sexual.

Observe o que falam sobre a menopausa!

Dá vontade de pegar uma corda e ó... Adeus ser mulher!

Quanto menos se conhecer sexualmente, mais a menopausa vai ser um problema.

Afastar a mulher da própria sexualidade a deixa insegura, e a insegurança faz a mulher dependente do homem, trabalho, família, mina a potência feminina que a faz feliz. A sexualidade não é somente fazer sexo.

Sexo é uma das manifestações da sexualidade, pois ela é tudo o que pensamos, sentimos e fazemos.

Tem dimensão física, emocional, intelectual e espiritual.

É a energia vital que nos põe em contato com o mundo, é nossa expressão no mundo.

Freud disse: "a libido é a energia que impulsiona a vida".

É a libido, tesão, energia sexual, energia de onde todas viemos.

É o fenômeno do impulso do desejo e do prazer!

Querida, nós nascemos dessa energia, ela é vida!

Se não souber acionar a libido, aumentar e potencializá-la, não saberá quais são seus desejos e o que lhe dá prazer, o caminho necessário para sentir o prazer.

Entendeu por que tanto faz ser na carreira ou no amor, a base é a mesma?

É a energia sexual, a libido que você precisa autopossuir para saber qual é o desejo em todas as áreas da vida, realizá-lo, desfrutar...

Percebeu o porquê de, no decorrer da história, tentarem nos afastar dela?

No desejo está tudo que pode fazê-la feliz.
O desejo está na sexualidade!
A autoposse da sexualidade é o caminho para acessar o desejo.
Ao descobri-lo, realizá-lo é o sucesso!

Somente a realização de nossos desejos aumenta a felicidade, e o segredo está na conexão com nossa sexualidade.

Quer se reconectar com sua sexualidade?
Descobrir o segredo para isso?
É isso que vou partilhar com você!

III – HISTÓRIAS REAIS DE MULHERES, NO AMOR

SOZINHA

"Tenho muita dificuldade em encontrar homens de bom caráter, prefiro ficar sozinha!" (servidora pública, 29 anos)[1]

Por que você quer um parceiro e se casar?

Como você se sente ao pensar na possibilidade de partilhar sua vida com alguém?

O que significa ter alguém para chamar de seu?

Paga um preço alto quem quer ter um homem para não ficar sozinha, não ficar para titia ou porque está ficando velha.

Acredite, apesar da comunicação pelo WatsApp, mulheres se casam porque não querem ficar velhas solteiras.

Quem sou eu para julgá-las!

Vão pagar alto preço com essa decisão, porque vão envelhecer mais rápido.

Não estou lhes rogando praga!

O motivo delas já são as próprias pragas, porque não existe felicidade onde as escolhas estão ligadas a padrões sociais de comportamento, sem ouvir o coração.

---

1. * Menciono a idade só porque as meninas fizeram questão de falar sobre ela.

Para dormir com alguém todas as noites, é preciso o cobertor do amor!

Sinto pena de quem escolhe viver com alguém só para não se sentir velha.

Acaba por fazer péssimas escolhas!

A urgência em dar uma resposta à família, aos amigos, à sociedade as deixa cegas, fazem péssimas escolhas.

Ou pior, às vezes escolhe um grande homem, no sentido afetivo da palavra, mas não consegue viver o amor com ele, porque não o escolheu para amá-lo, e sim, para não ser chamada socialmente, e por si mesma, de velha solteirona e beata.

OPERAÇÃO ACORDA, ALICE!

✓ Você precisa saber realmente qual é sua motivação para buscar alguém com quem se relacionar!

✓ Você precisa descobrir o porquê da urgência em encontrar alguém!

✓ Você deve ser criteriosa ao escolher alguém com quem dividir suas noites de sono!

✓ Seu diploma no lugar dele!

✓ Idade não tem nada a ver com amor!

✓ Idade só influencia para contar o início e o fim da menstruação!

✓ Pare de culpar o relógio biológico!

✓ Estou sozinha porque sou seletiva! Ah... Pare com isso!

✓ Você vai abrir espaço na sua cabeça, coração e pelve para o amor!

✓ Reconectando-se com sua sexualidade!

História I

"Corri, corri atrás do diploma, carreira e grana, por isso estou sozinha!" (engenheira, 35 anos).

Ninguém está obrigada a ter um homem!

Por outro lado, qual é o problema em assumir que deseja ter um homem?

Quem não quer, está feliz, ótimo!

Agora, quem deseja amar a dois, tomar vinho, ir ao cinema, tomar o cobertor do outro de madrugada, assuma aos quatro cantos...

Eu adoro ter um homem...

Eu amo amar alguém...

Eu acredito no amor...

Eu mereço amar e ser amada...

Eu desejo me casar e ser feliz, não porque sou infeliz, mas porque eu quero também ser feliz a dois!

OPERAÇÃO ACORDA, ALICE!

- ✓ Qual é o problema em assumir isso?
- ✓ Assumir o desejo de viver outra forma do amor!
- ✓ Não é atestado de machismo!
- ✓ Não é atestado de submissão!
- ✓ Quem disse que mulher inteligente, culta, bem-sucedida, não possa dizer EU TE AMO ao parceiro?
- ✓ E não possa desejar ouvir EU TE AMO de seu homem?

Os maiores problemas ligados ao sucesso na carreira acontecem porque não se assume o que deseja no amor.

Pior, às vezes sequer sabe o que realmente deseja.

Então, vêm os desatinos...

DIPLOMADA SOLITÁRIA

Ela,

Muito bem-sucedida profissionalmente...

Dois irmãos casados!

Logo, só ela solteira.

E...

35 anos de idade.

A filha mais velha.

A idade e a solteirice aumentaram a pressão dos pais para que se casasse.

Passou a buscar desesperadamente o casamento, e não a pessoa!

Conheceu um rapaz de outra cidade, marcaram encontro na cidade dela, em um sábado à noite.

Daí veio a preparação para o encontro!

Moveu céu e terra...

Tudo para um primeiro encontro.

Cabelo, unha, lingerie, banho de lua, perfume novo.

Durante toda a semana ela ficou totalmente envolvida com a preparação para o encontro.

**O que será que quer uma mulher assim,
que ainda não conhece o sujeito?**

Na noite tão esperada, ele liga e desmarca, por causa de um imprevisto. Mas não teve tempo de pedir desculpas porque ela não parou de falar.

"Estou me sentindo frustrada, me preparei tanto, tirei tempo para te esperar, o que aconteceu? Por que você não pega um avião e chega aqui mais tarde, eu te espero..."

Os encontros dela sempre se repetiam dessa forma!
Parecia praga, dizia!

Olha que os pais estavam na torcida, irmãos, colegas de trabalho, portanto ninguém lhe rogou praga.

Será que ela realmente deseja se relacionar?

Ou tem algo ligado para os "quase 40 anos" e solteira?

Ele simplesmente disse que ligaria depois para marcarem nova data.

Nesse meio-tempo ela ligou três vezes para ele.

Até que...

Conseguiram se encontrar!

E o assunto da noite, adivinhe?

Foi a tentativa dela em conseguir que ele lhe explicasse o porquê desmarcou.

Por que não cumpriu o que combinou?

Já que ela blá-blá...

A noite foi horrível!

Mesmo com tanta pressão, ele não explicou direito o que realmente aconteceu.

Cá entre nós, ficou com medo da reação dela.

OPERAÇÃO ACORDA, ALICE!

✓ Toda expectativa dela já era de uma mulher compromissada com um homem desconhecido.

✓ Já olha para o sujeito como quem vai se casar com ele, sem conhecê-lo.

✓ Criança com medo de ficar sozinha faz qualquer coisa.

Cadê a mulher que busca um parceiro?

Ele interpretou o exagero da atitude dela como a de um bandido que queria lhe roubar algo.

Como pode "me querer" tanto se mal me conhece?

✓ Ela deveria ter mais cuidado em não investir tanto em quem mal conhece.

Revelou desespero e falta de amor-próprio, sequer conhecia o rapaz e agiu como se fosse dona dele.

E mais: que quer ter um homem só para não ficar sozinha, em vez de um parceiro para curtir a vida.

Acreditava que seu diploma, títulos e as porções de conhecimentos culturais lhe davam imunidade.

Pelo fato de ser bem-sucedida, jamais um homem poderia lhe fazer tamanho descaso.

Ela sentenciou:

"Joguei na cara dele toda a minha qualificação, para ver o que estava perdendo!"

Talvez ele só estivesse buscando uma companheira!

O fato de possuir coisas materiais e intelectuais não dá o direito de exigir submissão por parte do outro.

Caso alguém a queira pelo que você possui, é interesse.

Apresente-se primeiro!

Você é o melhor patrimônio!

Deixe que no decorrer da caminhada ele descubra que seu maior currículo nenhuma universidade pode dar, que é você mesma!

QUAL É O PROBLEMA?

O problema dela é a falta de conexão com a sexualidade!

Ainda é uma criança preocupada em ser amada pelos pais, não ser julgada pela sociedade...

"Solteira e sozinha!"

Sem essa reconexão os homens vão fugir dela, pois os assustará com sua "necessidade de ter alguém"!

QUAL É A SOLUÇÃO?

Reconectar-se com a fonte de seus desejos, que está na sexualidade.

Essa reconexão a deixará segura para escolher!

Essa segurança deixa surgir a MULHER!

Mulher que sabe o que deseja, faz tudo para realizar e desfrutar.

Vai ficar mais leve com a vida afetiva.

Enquanto isso...

Não invista tanto para um primeiro encontro.
Caso ele desmarque, aceite com naturalidade, pode dizer:
"Sem problemas, fica até melhor nova data, porque é aniversário
de uma amiga..."
"Tudo bem, eu até prefiro outra data porque viajo neste dia,
inclusive ia te ligar, rsrs."
Como se nada de mais tivesse acontecido...
Porque, na verdade, nada de mais aconteceu!
Foi somente um encontro desmarcado.
Mas o exagero de preparação dela gerou cobranças indevidas.

DESVALORIZADA

História II
"Ele não me valoriza!" (36 anos, advogada)

Ela...

Casada há cinco anos, apaixonada pelo parceiro, mas...

Ele nunca atende às suas ligações, não a acompanha às festas familiares nem é carinhoso.

Sente-se muito sozinha, mesmo sendo casada.

Quanto menos ele atende às necessidades dela, mais ela gruda nele!

Ela só se sente segurança se estiver perto dele.

Sempre quer mais sexo do que ele, mas não sente prazer!

Mesmo quando não está com nenhuma vontade de fazer amor, "faz sacrifício" porque hoje as mulheres estão muito disponíveis.

Caso ela não faça, outra fará!

Nunca fala sobre o que gosta na cama e fora dela.

Está sempre disponível, afirma orgulhosamente que faz tudo por ele.

Liga várias vezes ao dia, para saber se está bem, mal, comeu, escovou os dentes...

Ultimamente se sente desanimada por ele não corresponder a tudo que ela faz.

Sente muito medo de perdê-lo!

Lembra que eu falei que toda vítima também abusa?

Ela se sente vítima, mas abusa ao invadir a vida dele e tentar controlá-lo, para não perdê-lo.

Isso vai minando a relação, os homens se sentem acuados, sufocados.

Nós também nos sentiríamos, com tanta oferta!

Ninguém está obrigado a preencher o vazio da solidão do outro.

Óbvio que no relacionamento é necessário cuidar, perceber as necessidades do parceiro.

Mas isso não significa ter de suprir todas as carências.

Não somente os homens, qualquer pessoa vai perder o encanto por quem se anula para agradar.

Sabe por quê?

Porque o medo paralisa a pessoa, enquanto o desejo é combustível para realizar coisas que nos fazem mais felizes.

Sabe por que o medo domina?

Porque não estar inteira é não se conhecer o suficiente para extrair e desfrutar da força que você possui.

OPERAÇÃO ACORDA, ALICE!

✓ Não é ele que não te valoriza, é você que não se valoriza!

✓ Pare de ser mãe dele!

✓ Mãe que liga toda hora, isso quando ela não tem um bofe, não malha nem cuida dela! (Gente, mãe não tem que ter um bofe, tá? É só para lhe dizer que quem cuida da própria vida não fica azucrinando ninguém)

✓ Ele não vai enxergá-la porque você está grudada nele!

✓ Desgrude!

✓ Seu perfil é típico de casos de traição, porque você está se tornando sombra dele!

✓ A criança tem medo de desagradar.

✓ A criança tem medo de ser abandonada.

✓ Oferecer demais enjoa.

✓ Sexualidade não é só fazer sexo, é muito mais...

QUAL É O PROBLEMA?

Não se reconhece como única.

Acreditar que outra mulher possa ocupar seu lugar.

Viver em função do outro.

Crenças negativas sobre si mesma.

Medo. Muito medo!

QUAL É A SOLUÇÃO?

Reconectar-se com a sexualidade. Óooobvio.

Deixar de ser a menina pobrezinha e sozinha.

Conectar-se à mulher que está adormecida. Rá rá rá, pensou que só a Bela adormecia?

Deixe-o sentir sua falta.

Grude em você, no que gosta de fazer.

Fique uma semana sem ligar para ele.

Enquanto isso, faça outras coisas...

Ir ao cinema com as amigas, voluntariar, dançar.

Investir em si mesma, ao saber o que gosta, quer, precisa, também no relacionamento, em vez de ficar na cola do homem!

Substituir:

O medo pelo desejo de cuidar do relacionamento, de vivê-lo de modo prazeroso, sincero e alegre.

O medo de envelhecer pelo desejo de se cuidar e desfrutar de alegria em todas as fases da vida.

Vai envelhecer, mas vai ficar uma velha deliciosa, alegre, com rugas de tanto dar risada e outras coisas...

O medo é o atestado de incapacidade, enquanto o desejo é a certidão de confiança em si mesma!

MAL ACOMPANHADA

História III
"Eles só querem sexo comigo!" (42 anos, vendedora)

Ela...
Queixava-se de que os homens só a procuravam para sexo.

Eles vinham, bajulavam, transavam e depois sumiam.

Todos faziam a mesma coisa.

Batia desespero porque, embora muitos tenham passado por sua vida, jamais se sentira bem com algum.

Todos eram iguais!

Iguais pois só queriam sexo, não a respeitavam em seus sentimentos.

Eles a usavam e iam embora.

Reclamou de não ter mais lubrificação vaginal, acha sexo coisa nojenta!

Não imaginava que pudesse haver homem diferente!

Para continuar infantil no relacionamento, usa a crença de que homem é mau, perigoso e só pensa em sexo para justificar sua incapacidade de viver o amor sexual!

Não se sente merecedora, portanto atrai pessoas que confirmam essa crença negativa.

Por isso a história sempre se repete, a questão está nela.

Há parceiro que não é parceiro, só quer o sexo da cintura para baixo.

Quando se está alinhada ao que pensa, sente e faz com o ato sexual, cria-se imunidade a relacionamentos destrutivos.

Não irá atrair parceiros que separam amor de sexo.

Tem muito mais a ver com o que ela pensa sobre o ato sexual em si, sobre si mesma, do que com os homens que se aproximam dela.

Ela também separa amor de sexo!

OPERAÇÃO ACORDA, ALICE!

✓ Homem não pode usar a mulher.

✓ Você disse sim ao ir para a cama com ele.

✓ Portanto, ele não a usou.

✓ A criança pode ser usada por não ter condições de dizer sim a um relacionamento.

✓ A mulher jamais poderá ser usada, se ela diz sim para irem para a cama.

✓ Esse perfil geralmente faz sexo para não se sentir sozinha.

✓ Ainda se comporta como uma criança.

QUAL É O PROBLEMA?

Ausência de conexão com a sexualidade.

Se faz de vítima!

Mas atrai abusadores, logo um precisa do outro.

Medo de ficar sozinha!

QUAL É A SOLUÇÃO

Reconectar-se com a sexualidade.

Abandonar crenças negativas sobre o sexo.

Aceitar que amor e sexo são a mesma coisa.

CABEÇA + CORAÇÃO + PELVE precisam estar alinhados para que você tenha a autoposse de sua sexualidade, que nada mais é do que a posse de sua vida!

Aí, minha querida, é só se preparar para as conquistas e desfrutes do sucesso!

Vai atrair quem pensa, sente e faz com amor e resposta.

Como assim, isso vai me levar ao sucesso no amor e na carreira?

Não somente neles, mas em tudo que você empreender pela força de seu desejo, seja de emagrecer, engordar, iniciar atividade física, namorar mais, dormir mais cedo.

O que você deseja, você realizará e ponto! Porque você vai conectar integralmente com você a partir de sua sexualidade.

Como Freud ensinou, desde o nascimento possuímos uma energia sexual instintiva, chamada também de energia vital por Alexander Lowen.

Eu a chamo de energia da vida!

Se você a domina e a usa a seu favor, ninguém a segura!

IV – HISTÓRIAS REAIS DE MULHERES, NA CARREIRA

Na onda de fazer, atingir resultados, cumprir metas, obter sucesso, deixamos de lado um tema único em nossas vidas, que faz parte de nossa sexualidade.

Que significa a nossa vida como um todo.

A expressão da pessoa com ela mesma, família, relacionamento e carreira vem da energia sexual.

Energia de onde todos nós viemos!

A maioria das pessoas, ao ouvir sexualidade, só pensa no ato sexual.

Ato sexual é uma das manifestações da sexualidade.

Vivência familiar, trabalhar, estudar, dançar, escrever, comer, dentre outras, advêm da energia da vida, a sexualidade.

Por isso, a forma como a pessoa trabalha tem a ver com a sexualidade dela.

Energia no dia a dia é igual a energia na cama!

Embora muitos sobrecarreguem uma delas.

O *workaholic* se excede no trabalho, gasta suas energias nele para justificar a falta de energia para o sexo.

Ou o compulsivo sexual que não sente prazer no ato sexual, por isso busca mais e mais, isso lhe rouba a energia para outras coisas na vida.

O modo como ela se relaciona com os colegas, chefes, seu ganho salarial está ligado à sua sexualidade. Energia da vida!

Quando não se tem a autoposse dessa energia, a sexualidade, a pessoa tende a viver insatisfatoriamente.

Geralmente, há uma coisa de que gosta e nunca consegue a outra que deseja.

A autoposse equilibrará o fluxo da energia para que ela seja usada para realizar os desejos em todas as áreas da vida.

Algumas histórias de desconexão...

Vejamos agora.

NUNCA SOU PROMOVIDA

História I

"Carrego a seção nas costas, mas nunca fui promovida!"
(servidora pública, 39 anos)

Ela...

Amava seu trabalho, mas sempre era preterida quando de uma oportunidade de ocupar chefia.

Basicamente, fazia o trabalho dos outros por ser apaixonada pela atividade e concentrar sua energia para alcançar metas.

Era a funcionária que carregava a seção, mas sempre perdia a vaga superior para outro mais político.

Afirmou que nunca havia sequer pedido para ser ascendida em sua carreira.

Acreditava que não era tão política para isso, pois teria de pedir!

E pedir era constrangedor, sentia vergonha.

Na verdade, ela sentia era medo de pedir e levar um não!

Ou seja, insegurança, desconfiança de seu potencial; mesmo ao dizer que carregava a seção, ela não validava isso e deixava que outros ocupassem o pódio!

A mulher só se reconhece se estiver conectada com tudo que ela é.

OPERAÇÃO ACORDA, ALICE!

✓ Se você não abre a boca a seu favor é porque não confia no que diz sobre você mesma.

✓ Quem não valida nem confirma seu potencial é a menina.

✓ A criança depende de que os pais ou cuidadores digam sobre seu poder.

✓ A mulher se reconhece desde que esteja conectada com tudo que ela é.

✓ Ela não se defendia, muito menos expunha sua vontade.

✓ Igual a muitas que não dizem o que querem, sentem, precisam no amor, na cama, no cotidiano, nas amizades.

✓ É melhor ouvir um "não" do que ficar se lamentando e se fazendo de vítima.

QUAL É O PROBLEMA?

Não tem a autoposse da sexualidade!

Insegurança sobre si mesma.

Medo de ouvir o que não quer.

QUAL É A SOLUÇÃO?

A base é a mesma, reconectar-se com a energia da vida.

Conquistar mais segurança para dizer o que pensa sobre si mesma.

Confiar que é capaz de ouvir e lidar com qualquer resposta a um pedido seu.

Acreditar que merece subir ao pódio do sucesso profissional, enriquecer financeiramente, ter amizades leais.

A sexualidade é o ingrediente secreto capaz de alinhar a mulher ao seu desejo e força para conquistar e desfrutar desse desejo.

GANHO BEM, MAS NÃO GOSTO DE MEU TRABALHO

História II

"Ganho bem, mas não gosto do que faço!" (médica, 44 anos)

ELA...

Estudou muito para se tornar médica, mas se sentia decepcionada com a profissão.

O salário bastante compensador, a queixa era de insatisfação por não ter cursado a faculdade de música.

Tocava piano apaixonadamente, mas quando prestou vestibular, seus pais a obrigaram a escolher medicina.

Não tinha como revidar aos argumentos deles de que músico ganha mal, não é reconhecido, depende da fama para crescer na carreira.

Dependia do sustento dos pais, com medo de contrariá-los decidiu prestar o vestibular que lhes agradava.

Contudo, isso hoje se tornou um fardo!

Deixar a profissão para seguir outra carreira é inviável.

Participa de alguns cursos e aulas de música só para se distrair, embora o desejo seja de ser musicista profissional.

O quanto esse descontentamento é realmente descontentamento?

Aos 42 anos, decurso de quase 20 anos sem que fizesse algo a favor da realização desse desejo.

Seria desejo de ser musicista ou autossabotagem à carreira de sucesso?

Medo de experimentar o novo ou vingança contra os pais?

A conexão com a sexualidade faz com que a pessoa acesse os desejos, tenha inspiração sobre os rumos a seguir, fortalece para a realização!

Ela continuava sendo a criança obediente, porém revoltada internamente contra os pais.

O desempenho profissional era excelente!

Os pacientes apreciavam o trabalho dela.

Havia descompasso entre a fala de frustração e a atuação profissional.

Pessoa frustrada repassa ao outro a negatividade que ela sente.

Ela não revelava isso em seu trabalho!

Não é por causa do *status* da profissão, e ganhos.

Embora existam aqueles que a escolhem por causa do título, a primeira característica deles é de ser péssimos profissionais.

Não é o caso dela!

OPERAÇÃO ACORDA, ALICE!

✓ Se realmente quisesse ter cursado outra faculdade, já o teria feito.

No mínimo, um projeto paralelo ao exercício da atual atividade.

QUAL É O PROBLEMA?

Ainda era uma maneira de se vingar dos pais que a "obrigaram" a cursar medicina.

Mas, pela dedicação dela à profissão, percebia-se que gostava.

Contudo, havia muito rancor em virtude de, à época, não ter podido revidar, isso a impedia de reconhecer o gosto pela medicina.

QUAL É A SOLUÇÃO?

Questionar o que realmente não gosta na atividade, se esse "não gostar" é um jeito de sabotar a si mesma.

Perceber que o fardo não está na atividade médica, mas nas lembranças negativas de seu relacionamento com os pais.

Aceitar a importância, o valor, o mérito pelo esforço de estudar, passar em um vestibular de alto nível de exigência.

Agradecer aos seus pacientes por confiarem nela.

Reconhecer que existe um propósito para ela fazer o que faz.

Irá se despedir das amarras do passado e enxergar os benefícios do presente.

Inclusive, admitir que gosta do que faz!

Ou ganhar energia, construir estratégias para investir naquilo que sente ser o melhor.

SORTE NO TRABALHO, AZAR NO AMOR!

Aumentaram a jornada de trabalho, os títulos, mas NÃO o nível de satisfação sexual!

Erotização, exposição corporal, performance, produtos e posições sexuais não foram capazes de diminuir a insatisfação sexual.

Essas obsessivas maneiras de expor o corpo, abusar dele em nome da publicidade, venda de produtos, uso de produtos para "aumentar" o prazer comprovam que o terreno da satisfação está longe de ser satisfatório.

Muitas mulheres introduzem produtos e objetos em suas vaginas, mas são incapazes de tocá-las com amor.
De acariciá-la por fora e por dentro sem buscar orgasmo, mas como quem diz a si mesma "Eu me amo!".

Quando se está bem com o amor-próprio, não precisa de coisas apelativas e extraordinárias.

O amor está ali no próprio corpo, no que pensa, sente e faz consigo.

Coisas e produtos não terão o "poder" que muitos atribuem a ele.

Serão apenas coisas e produtos.

Ao sentir o próprio corpo, não dependerá de nada fora dele para sentir e dar prazer.

Caso dependa de algo fora dele é porque não consegue extrair prazer da fonte prazerosa, que está no corpo.

Pode até incrementar com fantasias, mas não depende dela para o prazer.

O desconhecimento sobre o próprio corpo;
O que e onde dá prazer;
Falta de apetite sexual;

Anorgasmia – não sente, nunca sentiu orgasmo;

Separação entre amor e sexo;

Não se tocar amorosamente;

Tudo isso faz parte da maioria dos currículos.

Que nós mulheres estamos trabalhando muito mais, com o armário cheio de diplomas e certificados de participação em cursos, isso não é novidade!

Sucesso na carreira não é incompatível com sucesso no amor.

Amor e sexo são a mesma coisa. Unidos, inseparáveis!

Por isso, sempre que lerem sexo, é com amor.

Ou amor no relacionamento a dois, "eros", é sexual.

No capítulo "União entre Amor e Sexo", vamos conversar bastante sobre isso.

Não estou afirmando que o sucesso na carreira, que "faz e acontece" e é sucesso na vida profissional, não se dedica ao amor sexual, nem mesmo que não sinta prazer.

Mas a maioria sim!

As estatísticas se referem a todas nós, de um jeito ou de outro.

Basta colocar a expressão de busca no Google e conferir o percentual de mulheres com desejo sexual hipoativo, ou seja, sem vontade de fazer amor.

Anorgasmia: que nunca sente nem sentiu o orgasmo, concebe-se como incapaz de sentir o prazer sexual.

Cada um sente a presença de Deus conforme sua crença.

Para mim, Deus se manifesta no orgasmo, no prazer da entrega e da acolhida!

Percebe-se que o investimento para se conquistar a satisfação íntima está bem aquém do profissional.

A questão sexual não prosperou tanto em termos de qualidade quanto os recursos investidos em nossa formação educacional, profissional e estética visual, para melhorar a imagem.

Sem o desfrute da vivência sexual, as outras áreas da vida ficam comprometidas.

A pessoa fica em desequilíbrio, falta-lhe algo importante à saúde integral.

O aumento do consumo de produtos eróticos, cursos sobre posições sexuais, danças eróticas é a cereja do bolo do ato sexual.

A força da vitalidade não está nos produtos, e sim no que você pensa, sente e faz pela força da energia da sexualidade.

Até as propagandas de creme dental são erotizadas, mas isso em nada contribui para o contato profundo com a força da sexualidade.

Ainda é um ingrediente que aguça apenas a pelve.

Mas, na hora do "vamos ver" com o erótico aliado ao amor, vêm as dificuldades.

Há uma concepção de que, se a pessoa opta pelo prazer, ela não conseguirá sucesso, dinheiro, fama, tem muita compreensão de forma cindida nessas e em outras questões.

Essa limitação vem da separação entre amor e sexo!

Uma coisa boa exclui outra coisa boa.

Amor é maravilhoso, mas sexo não!

Sexo é delicioso, mas amor não!

Separação de aspectos, ou um ou outro, sou rica, mas pobre de amor, linda e infeliz, "sorte no jogo, azar no amor", revela a cisão interna da pessoa.

Ou você ama ou você tem dinheiro.

Faz sexo gostoso porque não tem amor.

Prazer é promíscuo.

Amor é santo.

Por isso, o padrão de comportamento da pessoa será sempre de buscar duas coisas muito boas, mas de desfrutar apenas de uma.

Ou de buscar apenas uma por conceber a outra como profana.

Ainda, não se sentir merecedora de uma delas.

Sucesso na carreira, fracasso no amor!

Amo meu companheiro, mas não gosto de sexo!

Rica e sozinha!

São crenças que revelam a cisão, a divisão e catalogação de algo como bom ou mau, logo, são incompatíveis!

Isso é fruto da aprendizagem e associações que fizemos na fase infantil e das limitações a que nos condicionamos.

Por favor, não mate o amor pela falta do sexo.
Nem esvazie o sexo pela falta de amor!
Ao integrar Amor ao Sexo,
Sexo ao Amor,
irá conquistar o sucesso pessoal, familiar, profissional!
Porque você estará integrada mental, espiritual,
física, emocionalmente.

Com essa integração a pessoa fica inteira, e o sucesso virá naturalmente sem se tornar escrava dele.

Pode até conquistar poder, fama e sucesso, mas esses valores não a dominam. Nem ela lhes sacrifica sua integridade (*Amor, Sexo e Seu Coração*, p. 192/193). Não deixam ser seduzidas pelas "recompensas" oferecidas pelo sistema àqueles que obtêm sucesso (*Prazer, uma abordagem criativa da vida*, p. 78).

Não nascemos para ser "mais ou menos".

Fazer a felicidade competir com a infelicidade.

Escondermo-nos atrás de nossas dificuldades.

Culparmos nossos pais.

Acreditar que o outro tem melhor sorte.

Manter crenças limitantes, atribuir responsabilidade ao azar ou é papel da vítima!

Nascemos por Deus e para Ele.

Somos Sua Imagem e Semelhança.

Você deve ser grande, do tamanho a que veio.

As árvores e os pássaros não questionam para que vieram.

Eles sabem e vivem...

Viver nosso propósito divino de alma nos torna árvores frutíferas, aves de plumagem de luz!

Nosso destino é ser feliz!

Eu me parecia com um pisca-pisca.

Era extremamente erotizada na fala, roupas e gestos.

Usava roupas para chamar a atenção para o meu corpo.

Eu roubava energia das pessoas ao tentar atrair seus olhares para mim.

Elas usurpavam de minha energia ao olharem para mim...

Abuso tanto meu quanto dos olhares que eu atraía.

É maravilhoso quando você se veste para a própria satisfação, porque daí, seja a saia curta ou longa, não fará diferença.

Estará vestida para si mesma, portanto não importa o que pensem, digam.

E ninguém irá tocá-la ofensivamente, porque o que justifica usar a roupa sensual ou erótica é você mesma, movida à sua alegria de ser quem é, sua energia é verdadeira.

Como eu estava em busca de resolver minha condição de vítima, precisava que alguém me vitimasse.

Então, tudo que eu fizesse estaria ligado a essa prisão.

Não me vestia para mim, mas para a história em que eu estava presa!

Falar sobre isso pode antecipar sua experiência de ser feliz.

Quem se ama não precisa do olhar do outro.

Por mais que eu exalasse sensualidade ainda não me amava profundamente, pois eu não me dizia "eu me amo" através do toque amoroso ao meu corpo.

Eu oferecia meu corpo para os outros olharem, comentarem...

Mas eu não o possuía amorosamente, portanto eu não poderia fazer amor profundamente com ninguém, embora muitos sequer pensariam isso sobre mim.

Essa extrema exposição corporal erotizada, abusadora pela captação dos olhares, tinha muito a ver com minha experiência de abuso sexual.

Eu vivia esse abuso ao fazer isso atraindo os olhares.

Abusava de mim mesma, contribuía para que outros abusassem de mim com seus comentários e palavrões lascivos.

Tinha dificuldades com meu corpo, por isso o distribuía aos olhares.

Por isso posso afirmar com convicção que a mulher que usa roupas sensuais, posturas eróticas para chamar a atenção, seja dos olhares ou comentários, é insatisfeita com sua sexualidade.

Não é a roupa sensual, curta. Mas o que ela pensa e sente sobre ela. A energia canalizada para ela ou para chamar a atenção.

Diferentemente de quando usa algo para valorizar e agradar a si mesma ao se olhar no espelho. Tudo para ela, e que bom se alguém gostou, obrigada!

Tentar compensar essa insatisfação ao passar a imagem de ser bem resolvida com ela vai atrair olhares e falas negativas.

Ao estar integrada consigo ao usar algo sensual o será para si mesma, deixará de autoabusar ao entregar seu corpo aos olhares.

Não mais roubará energia dos outros, nem permitirá ser roubada.

É o amor que estará em você!

Cabeça, coração e pelve precisam estar integrados para que a energia da vida flua, e isso se chama sexualidade!
Sem essa integração, a sensualidade será vazia!
Pois somente sua cabeça estará nela,
distante do coração e da pelve.
Porque tudo é feito sem qualquer sensação!

O comprometimento das pessoas com o fazer é para não sentir!

Eu fico atenta para comigo mesma, sempre me pego fazendo uma coisa, pensando em outra e querendo a próxima, uma loucura!

Sem a percepção do que se está sentindo no antes, no momento e após a ação.

Por isso, pertencemos à "geração da ação", não estamos dispostos a sentir e não queremos, muitas vezes, perceber isso.

Essa "fuga", para a grande maioria das pessoas, é inconsciente e até encarada como normal, por ser altamente produtiva.

História III
"Sou altamente produtiva!" (gerente de banco, 36 anos)

Ela...

Afirmou orgulhosamente que há mais de três anos não sabia o que eram férias!

Apenas uma semana por ano para viajar, no máximo, para depois disso não ficar sem fazer nada.

Se é verdade que quem ama o que faz não causa exaustão, também é verdadeiro que descansar ajuda a fazer melhor a atividade que ama!

A força da energia da vida fluida deixa a pessoa mais perceptível aos sinais de seu corpo.

Ele avisa quando algo não vai bem!

Sem essa conexão, quando se percebe alguma coisa, ela já se transformou em doença estabelecida.

Eu sou escritora, nunca me imaginei aposentada dessa atividade.

Quando escrevo um livro, há momentos de profunda imersão e correrias, sem contar o envolvimento emocional, racional e físico com ele.

Mas chega uma hora que o corpo pede para dormir, respirar mais profundamente, correr ao ar livre, namorar, tomar vinho ou simplesmente não fazer nada!

O fazer pode ser um grande aliado da pessoa, desde que ele não seja utilizado para encobrir, possivelmente, um vazio emocional, a dificuldade em se perceber, em se conhecer, em sentir = envolvimento.

É preocupante o fato de não ficarmos a sós com nós mesmos sem fazermos nada, apenas curtindo nosso corpo e sensações, o que somos.

Eu já fiz isso demais!

Já tive época de lecionar na universidade para dez turmas; em cursinhos preparatórios para concursos em dois estados diferentes, durante a semana e finais de semana, e ainda, cursando mestrado em São Paulo, trabalhando no Tribunal, estudando para concurso público e cuidando de três filhas.

Era uma jornada! Eu fazia um monte de coisas!

Recordo-me de um aluno me perguntar sobre meu *currículo,* no primeiro dia de aula, em que é comum o professor se apresentar.

Assim que falei sobre minhas titulações, ele me questionou:

"Professora, o que a senhora faria se a senhora vivesse?".

De pronto, eu respondi a ele que isso era a minha vida.

Saí daquela sala de aula totalmente mexida com aquela pergunta.

Sequer tive a coragem de perguntar a ele o que seria, na concepção dele, "viver".

Percebi que, realmente, não estava vivendo, apenas sobrevivendo!

Sem a percepção do *como* eu estava me sentindo. Ora, eu trabalhava de forma sobrecarregada, mas não "sentia" cansaço. Sempre disposta a fazer sem reclamar.

Finais de semana também para trabalhar. Férias para estudar e concluir dissertação de mestrado. Tudo isso sem cansaço. Sem tristeza. Sem raiva por não curtir a vida. Sem alegria.

Não é que eu estava "sem" esses sentimentos e sensações, eu não os sentia!

Estavam todos gritando, mas não os acessava, por isso eu digo que eu sobrevivia, pois viva estaria se eu estivesse "ligada" em minhas sensações corporais.

Daí, eu perceberia a necessidade do descanso, do lazer, do prazer, da alegria; escolheria meu ritmo e não seria escolhida por ele.

Não há nada de errado vez ou outra estar sobrecarregado de atividades, mas é importante sentir todo o processo e permanecer ligado ao corpo.

Eu não almoçava, lanchava, comia "qualquer coisa", corria muito para tudo o que eu ia fazer.

Se estava no supermercado, estava pensando no abastecimento do carro; se levando minha filha à escola, já estava focada no horário de chegar ao trabalho; se estava em um lugar, sempre estava pensando no outro que queria, deveria ou precisava ir.

Fazendo uma coisa e já envolvida com a outra. Totalmente consumida pelo fazer. Acredito que, com tantas atividades, à época, se eu parasse para sentir, entraria em colapso de tanto cansaço, sobrecarga, estafa.

Caso estivesse doente, não perceberia os sinais antecipadamente, pela desconexão com meu próprio corpo.

Contudo, eu ainda não me permitia sentir, embora meu corpo já começasse a "gritar" por meio das dores nas costas, no estômago, sono raso e anemia.

E minha sexualidade, no quesito encontro íntimo, como estava?

Eu fazia muito sexo, com baixo nível de prazer.

Ainda separava amor de sexo, portanto a sensação era localizada só na pelve.

Agora, busco a reconexão todos os dias, desde quando me levanto da cama.

E como seria, para uma pessoa que não acessa suas emoções, começar a senti-las?

A perceber seu corpo mais vivo?

Então, mantermo-nos sempre ocupados, fazendo alguma coisa, é sinal seguro (ilusão) de que não nos envolveremos com esse assunto.

Isso, porém, tem um preço muito alto, que é a ausência de prazer em nossas vidas.

A solução:

Ei, eu estou aqui?

Conecte a si mesma:

Tome consciência das escolhas que você faz.

De como você faz.

Por que você faz.

O que sente ao fazer.

Sua reação ao que acontece.

Os compromissos na agenda diária.

A cada coisa que se vai realizar, sinta-a, perceba como a executa.

Isso facilita a integração entre a cabeça, coração e pelve.

Coloque-se inteira em tudo o que viver:
Sua cabeça – o que estou fazendo?
Seu coração – o que estou sentindo ao fazer isso?
Sua pelve – sinta sua pelve. Ela está aí?
A força da mulher está também na vagina!
Sinta-a!

Se a escolha for a de trilhar uma vida mais prazerosa em todos os aspectos que ela contém, muita coisa vai mudar.

É difícil, caso fosse fácil as doenças seriam raridades.

As sensações corporais ainda são um mistério para muita gente e motivo de muito medo.

Nesse pacote das sensações, o orgasmo é, genuinamente, para o indivíduo adulto, uma das mais intensas!

Mãe pode dizer: para mim, é amamentar!

Amamentei minhas três filhas, foi incrível.

Bem, no início inflamou meus seios, mas depois foi muito prazeroso.

Mas o orgasmo tem dimensão mais profunda.

Se fosse para eleger o maior prazer, ele tem meu voto!

Talvez por causa de minha história com a questão sexual.

Para gestar e dar à luz minhas filhas, eu me envolvi no abraço sexual.

Elas são frutos de minha intimidade sexual.

O modo como lapidei minha cabeça, coração e pelve para concebê-lo como expressão do amor.

Cada uma de nós sabe o que é mais prazeroso e não há nada de errado, melhor ou pior nisso.

Mas, Deus é Deus, nos deu algo tão forte, prazer tão poderoso através do orgasmo...

Tudo para nos manter vivos, seja na experiência prazerosa em si, ou quando geramos um filho pela força dessa união.

V – PRAZER, EU SOU O PRAZER!

CASADA, SINTO DESEJO SEXUAL POR MEU VIZINHO

Ainda é um terreno desconhecido o das sensações sexuais para muitas mulheres. Desconhecido, temido a ponto de uma simples sensação por alguém "fora do ninho" ser considerada como algo proibido, questionador do amor que sente pelo companheiro.

Essa "confusão", se sentir desejo sexual por outro não amo mais meu companheiro, acontece quando não se autoriza o próprio corpo a sentir o que ele sente.

Acredita-se que ele deve sentir isso por aquilo, ou aquela pessoa. Que compromisso no relacionamento o impede de sentir. Não é assim!

Podemos sentir atração física, emocional, espiritual por outras pessoas, seja homem ou mulher.

Principalmente quando estamos apaixonadas por nós mesmos e não temos consciência disso!

Fomos educadas e culturalmente ensinadas a acreditar que só podemos sentir "vontades" por alguém que não seja nós mesmas.

Por isso, quando estamos felizes, cheias de energia sexual, sexualidade integral, confundimos isso com vontade pelo outro.

Podemos sentir atração pelo outro, supernatural, aceitar, acolher a sensação, escolher o que fazer com ela.

Em primeiro lugar é a comprovação de que a sexualidade está plena, em segundo pode ser um novo amor surgindo, seja por si ou por outro.

Você quem escolhe o que fazer com tudo isso!

História I

Ela, casada...

Ele namora há anos uma moça.

Conheceram-se nessas reuniões familiares de final de semana em que "rola" churrascada, cerveja e música alta na casa de algum generoso que resolveu curtir o final de semana ao lado de mais pessoas.

Muito assustada, não entendia o porquê de tanto desejo pelo sujeito, por tratar-se de um homem pequeno, moreno; sempre gostou dos branquinhos, ele era magro, sem um atrativo de verdade que a convencesse a sentir algo por ele.

Eles não "tinham feito nada", mas a reação de ambas as partes quando se encontravam dava a entender e, principalmente, ao marido dela, que "algo estava acontecendo".

Isso já estava ocasionando reações de ciúmes todas as vezes em que eles se aproximavam, tendo, inclusive, o marido a puxado pelo braço, da última vez, para irem embora.

Ela se sentia constrangida, não sabia o que fazer!

Era atração muito forte, desejo sexual por ele "do nada", por nunca terem se tocado nem mesmo em uma dança. Afirmou que estava muito insegura, confusa e com muito medo do que poderia acontecer entre eles.

Não escolhemos por quem sentimos desejo sexual, embora essas "vontades" estejam pautadas em nossas experiências de vida, principalmente na infância, nas questões de como fomos conduzidos por nossos pais em relação à nossa sexualidade.

Mas, em um plano consciente, nós não fazemos essa escolha de por quem eu vou sentir atração sexual, quem eu vou amar.

O fato de ele fugir aos padrões de beleza que ela gostava comprovava isso, que ela não tinha controle sobre as escolhas do corpo dela em sentir algo por um homem totalmente fora de seu controle sensorial.

Não temos o comando nesse terreno das sensações no tocante ao que sentimos, e em relação a por quem estamos sentindo.

O fato de sentir não é problema, mas o que se faz com o que se sente quando existe um relacionamento.

A desconexão com o corpo bloqueia as sensações, a pessoa não as acessa; quando ela surge "inesperadamente", fica confusa, acredita que "tem" de fazer alguma coisa com ela.

O que fazer com o que se sente é sentir, aceitar, expressar de modo ao favorecimento pessoal e relacional.

Então, caso esteja fervendo por alguém, aproprie-se disso primeiramente, por ser sua sensação, escolha se irá só sentir ou partilhar com alguém.

**Quem não faz isso vai pular etapas simplesmente
fazendo a ligação:
"sinto, logo tenho de fazer!"
Ou: "não posso sentir, senão terei de fazer!".
Disso resultam traições, autoabuso sexual...**

Aceitar as sensações sem qualquer julgamento, classificação traz mais clareza sobre o que acontece consigo.

Separar-se ou não do marido seria outra história. Ela precisava amadurecer sua sexualidade a ponto de depois pensar nisso. Amadurecer não significava "transar" com o outro, mas aprender a não sentir medo das sensações, reconhecê-las, acatá-las e expressá-las.

Expressá-las também não significava "transar" com o rapaz, mas escolher ficar com elas usufruir dessa vitalidade para si.

A grande maioria das pessoas não se permite passar por essa etapa, exatamente por medo, fica se esforçando para vencer a si mesma, ou "faz logo de uma vez" também para não sentir.

Autorizar-se a sentir diminui o impulso de "fazer" e cede espaço à reflexão e à escolha, se o fizer não será por ímpeto, mas decisão adulta com capacidade de assumir as consequências.

É lindo ver a mulher cheia de vida, desejo...

Isso é um tesouro e não algo a se preocupar, convite ao "conhecer-te a ti mesmo", principalmente a própria sexualidade.

A solução:

Aprender sobre sexualidade a partir de seu próprio corpo, dependeria dela a condução dessa questão, seguramente extrairia muitas coisas de grande proveito para si e para a relação.

Vocês acham que eu também não passei por isso?

Fiquei encantada com um professor de Direito Processual Civil...

À época, estava recém-separada e me relacionava com um companheiro, conheci-o em sala de aula, me preparava para concurso público e fiquei muito confusa.

Não focava nas explicações dele, mas nele!

Fazia terapia, levei o tema para a sessão.

A terapeuta riu de mim, rsrs.

"Selma, você não sabia que podemos estar noivas ou casadas e sentir atração sexual por outros homens?"

Minha resposta: Não! Rsrs.

Na minha cabeça eu já estava apaixonada por ele, teria de me separar, me imaginava na praia casada com ele, rsrs.

Detalhe, foi bem um período em que eu estava cheia de vitalidade, linda, com energia de sobra para cuidar de minhas três filhas, trabalhar o dia todo, estudar à noite.

Eu estava apaixonada por mim, minha sexualidade estava viva, mas sem a consciência disso, portanto eu estava projetando esse fervor de vida nele.

Viver sentindo a vida não é um problema para quem sente prazer!

[...] A ênfase de nossa cultura recai sobre o fazer, sobre o atingir resultados. O indivíduo de nosso tempo está comprometido com seu sucesso, não em ser uma pessoa. Justificadamente, pertence à geração da ação, cujo lema é: faça mais, sinta menos. Essa atitude caracteriza grande parte da moderna sexualidade: mais atuação, menos paixão (*Medo da Vida*, p. 12).

O prazer de que estou falando não é aquela concepção, visão distorcida sobre o prazer, mas por que alguns sentem prazer em praticar o mal.

Outros matam em nome do amor.

Dois absurdos!

Porque o prazer está intimamente ligado ao bem maior, não egoístico.

E o amor é o sentimento que impede de matar.

Noitada, "pegando todos", bebendo muito, pode parecer a máxima vivência do prazer, mas é só um pingo dele.

Pode haver prazer nessa situação ou não, vai depender do quanto a pessoa está sentindo o que está fazendo e do nível de envolvimento com essas sensações.

Outros nomeiam de prazer os casos de descontrole da própria vida, a ausência de autoposse e domínio dela.

Comportamentos que geram efeito colateral, aliviam uma coisa imediatamente e a longo prazo vão minando a vitalidade da pessoa, como tudo que é chamado de "dependência" de sexo, compra, comida, trabalho, drogas lícitas e ilícitas.

Por que o compulsivo sexual sempre quer mais sexo?

Porque ele não sente prazer advindo da conexão.

O prazer da conexão sacia, apazigua e aguça para novo encontro.

A pessoa tem o domínio da energia, enquanto o compulsivo é dominado pela energia.

O prazer que surge da conexão com a sexualidade tem força curativa, integrativa, fortalecedora do amor.

Ela une o indivíduo a seu corpo, proporciona a conexão corpo/mente.

Dá saciedade, nutre, satisfaz e promove uma sensação de paz, alegria, contentamento.

Quanto mais dividida a pessoa estiver, mais precisará de pessoas e coisas para dizer sobre ela.

Fará somente sexo, jamais amor!

Verá o sexo como algo sujo, pervertido, portanto fará sexo de modo sujo e pervertido.

A cabeça, coração e pelve precisam falar a linguagem do amor.

Assim, amor e sexo se tornam a mesma essência.

E sexualidade será a forma de você se expressar na vida.

Como estará integrada, sua vida será integrada pela força do amor.

ELA ME CULPA POR NÃO SENTIR ORGASMO

Após cinco anos de relacionamento, ela confessa que nunca sentiu orgasmo, atribui ao parceiro a responsabilidade por isso.

A velha crença machista de o homem ser o responsável pelo orgasmo da mulher!

Logo, se ela não sente o orgasmo é porque ele não tem habilidade para conduzi-la a essa sensação.

Como assim, transferir para alguém a capacidade, a responsabilidade em lhe fazer sentir prazer?

Ele contribuiu de um lado e você do outro. E os dois juntos!

OPERAÇÃO ACORDA, ALICE!

- ✓ Já pensou em quanto poder se concede ao parceiro em deixar com ele a função de fazê-la sentir o orgasmo?
- ✓ Depois se queixa de ser usada, abusada, traída...
- ✓ Você é a única responsável por seu prazer!
- ✓ O companheiro é companhia para desfrutar do que você lhe oferece, ofertar o que você pode receber!
- ✓ Que fardo para o outro, fazê-lo acreditar ser o responsável total pelo prazer do companheiro.

Autoposse de sua sexualidade lhe ajuda inclusive a perceber se ele é realmente companheiro!

Fase infantil, no máximo na adolescência, acreditando que ainda precisamos de alguém para satisfazer aos nossos desejos, nossa fome, nossa sede, nosso prazer, nos saciar, nos conduzir!

Que delícia para o outro desfrutar da companhia de uma mulher que se ama, faz amor consigo mesma, transborda de prazer consigo mesma e de forma partilhada com seu amor!

A questão não é ficar correndo atrás do orgasmo!

E todo o envolvimento que antecede à resposta orgástica, não conta?

O que vale é todo um percurso desenvolvido, experimentado, cultivado, regado de tanto contato pelos DOIS!

Não é o pobre coitado do parceiro pagar o que ele nem deve.

Ademais, há pessoas que nunca vão sentir o orgasmo porque elas não querem envolvimento consigo e com outro.

É totalmente uma escolha individual, em primeiro lugar, somente então entra o parceiro.

Depois dizem que somente nós mulheres somos usadas como objeto!

É aprisionadora essa crença, porque, em vez de cada um se sentir responsável pelo próprio prazer e um parceiro em relação ao prazer do outro, para juntos curtirem e oferecerem um ao outro seu toque, olhar, carícia, excitação, desejo, tesão e envolvimento, se joga o fardo em um dos lados.

Com isso, a relação sexual que serviria para fluir o amor que um sente pelo outro, materializar esse sentimento e ainda expressar o desejo em que o outro sinta prazer além de contribuir para isso, por meio da prática sexual, perde esse referencial.

Ninguém é dono do desejo sexual nem do orgasmo de ninguém, cada qual é dono de sua própria sexualidade; se estão juntos, é para curtirem juntos essa energia.

Quando se delega a alguém o poder de fazer sentir o orgasmo, na verdade, dentre tantas possibilidades, está-se tentando controlar o companheiro ou a companheira.

Pode ser uma base de troca? "Se você for legal comigo, eu vou deixar você me fazer chegar ao clímax. Agora, se você não for legal comigo, não ficar 'bonzinho', 'boazinha', não pagar a fatura do cartão de crédito ou não me deixar sair para um bate-papo com amigos, eu vou te punir não deixando você me fazer gozar."

Culturalmente falando, é muito difícil para o homem, ainda hoje, não se sentir ofendido diante do comentário da mulher de que não sentiu a resposta orgástica, isso, em relação à que comenta sobre o assunto, pois tem a ala que finge sentir o orgasmo para permanecer calada.

A solução:

A melhor maneira de vencer a barreira que impede o casal de se conhecer, envolver-se mais profundamente e ter maior satisfação sexual, aliada a um cotidiano prazeroso, é o cultivo do diálogo.

Adivinhe como você adquirirá autoconfiança para dizer o que pensa e sente com as vozes do amor?
Fazer amor consigo!
Olhar-se no espelho, dizer eu me amo até ser sinceramente "eu me amo".
Até sentir que se ama!
Adquirirá autoconfiança para tudo em sua vida:
AMOR, CARREIRA, AMIZADES...

Falar um para o outro, não como uma cobrança, mas com enfoque no desejo de vivenciar isso na relação.

COMECE COM VOCÊ, QUE PRECISA SABER SOBRE SI MESMA...

1. O que eu desejo que seja mudado?
2. Como eu desejo que ele me acaricie?

3. O que ele faz que eu gosto?

4. Sinto-me acolhida por ele?

5. Sinto-me livre para expressar na cama o que eu sinto vontade?

OPERAÇÃO ACORDA, ALICE!

✓ Se você não se conhece, como você vai saber o que e como o outro pode partilhar o prazer com você?

✓ Se você não faz amor consigo, como fará amor com seu parceiro?

✓ Se você não acaricia gentilmente, amorosamente seu corpo, principalmente sua vagina, como saber como deseja ser tocada pelo parceiro?

Essa autoposse é diferente do individualismo!

Portanto, é individualista quem usa o outro, joga para ele a responsabilidade de fazê-lo sentir o orgasmo.

Quem tem a autoposse torna a relação leve, porque assume o que é seu, ajuda no que é de sua responsabilidade e desejo dentro da relação.

A forma de você se gostar é a forma de o outro gostar de você!

Quanto mais se amar, mais será amada!

Somente se cobra o que se deve, em um relacionamento adulto em termos de sensação, ninguém deve nada a ninguém.

Não é dívida, e sim partilha, envolvimento!

Contudo, muitos não conseguem superar o "travamento" que os impede de falar sobre si mesmos quanto ao que gostam, desejam, pensam, acreditam e gostariam ou esperariam vivenciar com o outro na cama.

Ou, quando se fala, é para tentar conseguir algo, como ter razão, ser concebido como certo, vencer a disputa, todos esses aspectos são elementos que distanciam o envolvimento.

Adivinhe como você adquirirá autoconfiança para dizer o que pensa e sente com as vozes do amor?

Pratique as atividades de expressão corporal que constam neste livro, para destravar as couraças que aprisionam a energia vital, sexualidade!

Com essa energia fluindo, tudo flui!

SEMPRE FINGI ORGASMOS

História II

Por que é tão difícil falar sobre o assunto?

Várias respostas podem surgir e vão variar de casal para casal, inclusive já apresentei algumas possibilidades anteriormente.

Volte-se para esse desafio, trabalhe com o objetivo de melhorar a vivência sexual, sem atribuição de culpa, mas sentindo-se responsável pelo que acontece consigo, e divida tudo o que acontece na relação entre os dois.

A cama é sempre termômetro da vida como um todo!

O dinheiro é sempre termômetro da vida como um todo!

É a sexualidade, energia vital que melhora esses termômetros com a força do amor! Aliado ao dia a dia de respeito!

Em uma relação em que há envolvimento, claro que a falta de satisfação da pessoa amada será motivo de tristeza, mas estará sempre presente o desejo de CONTRIBUIR para essa experiência.

O desejo de um parceiro em relação ao outro deve ser que ele sinta o prazer e a satisfação durante a atividade sexual. Algo prazeroso para os dois!

Ser facilitador para que ele possa encontrar o campo propício a revelar seus sentimentos de forma plena.

A partir de então, construirá e conquistará uma forma de intimidade que dê à relação suporte para vivenciarem a profundidade da resposta orgástica.

Sentir-se satisfeito com o próprio prazer e com o prazer que o outro sente, aprofundar na relação em busca de viver experimentos sensoriais de mais prazer a dois.

Envolver-se mais com o contato, a respiração, sentir o corpo do outro, hálito, cheiro, do que a busca de "ter orgasmo".

Isso é ser Bom de Cama!

Bota bom nisso! Rsrs.

Embora haja casais que vão passar a vida toda assim, quem sou eu para julgá-los?

Existem pactos negativos, mas você vai escolher o Amor!

Só que...

Há tanta vida lá fora e aqui dentro, bem dentro de cada um, tem tanto amor a dar a si mesmo, ao parceiro, à vida...

BOA DE CAMA

História III

Você vai comprar este livro para aprender a ser safada?

Fui convidada para uma tarde de autógrafos na inauguração de uma franquia de livraria, de repente se aproxima até ofegante uma mulher com duas crianças.

Cumprimentei-a, quando fui autografar o livro *Boa de Cama* ela se recusou, colocou-o imediatamente dentro da bolsa, falou baixo que o marido a proibira de ir àquele lugar comprar livro para aprender a ser safada!

Mas, ela conseguiu sair às escondidas com os filhos, passar rapidamente na livraria.

Ser boa de cama era para ele sinônimo de safada, algo promíscuo, vulgar.

O contrário de ser boa de cama é ruim de cama, alguém travado, reprimido.

Então, ela sendo casada seria ruim de cama?

Porque ele a proibira de conhecer o significado de ser boa de cama, uma vez que interpreta o conceito como algo ruim para mulher casada, de família.

Agora, a pergunta: qual desses dois perfis ele escolheria para a cama?

A reação dele diz sobre ele, separa amor de sexo.

O título *Boa de Cama* surgiu de inspiração divina.

Encontrava-me na fase de descobrir o que eu amava profundamente fazer na vida.

Passei pela culinária, teatro, música, pois gosto e tenho talento para essas atividades, rsrs.

Cheguei à escrita!

Sempre escrevi, na escola as professoras elogiavam minhas histórias, redações...

Adolescente, escrevi vários roteiros de peças de teatros, paródias para gincanas, letras de música.

Adulta, fui professora escolar e universitária, advoguei e amava escrever petições, bilhetinhos para meus amores, filhas, marido, rsrs.

Senti que sou escritora!

Daí, foi descobrir o que escrever...

Veio-me a inspiração para escrever sobre a sexualidade.

Adivinhe por quê?

Lembra-se de minha história em que fui vítima de abuso sexual?

Vários homens nojentos que me perseguiram.

Eu precisava escrever sobre isso, na época não tinha tanta consciência disso, mas tudo se encaixou.

O livro foi um processo de cura interior.

Tudo bem, sexualidade!

Tenho costume de começar a escrever pelo título, então mais uma vez a pergunta...

Qual é o título?

Veio-me, *Boa de Cama*!

Assustei-me, como assim?

Mas tudo e em todos os momentos me confirmaram que era esse o título... Tinha uma missão com ele. Deus me pediu para eu bancar! Para que a mulher integrasse a sexualidade como algo BOM, igual ela faz com seu trabalho, carreira, filhos, família.

Apresentar um novo conceito. Algo que mulheres que têm família ou vislumbram o ato sexual como ato amoroso pudessem se autonomear BOAS DE CAMA. Sem culpa!

Além de ser uma declaração de amor ao ato sexual, ainda o fato de chamar atenção para algo que as pessoas olhariam por curiosidade, suspeita de ser pornográfico...

Porque ainda se olha para o ato sexual de forma deturpada, então eu precisava usar o título para dizer que não é promiscuidade nem safadeza.

O casal faz o que quiser na cama, isso não é safadeza, e sim amor sexual.

Boa de cama mexe com o conceito interno de cada um sobre o que se pensa sobre o ato sexual, quando ele é bom, de entrega ao prazer.

Algumas pessoas beijaram a capa do livro...

Outras cortaram a volta do local onde eu estava com ele.

Pais compraram para filhas que se casariam.

Mães o entregaram às filhas para aprenderem a respeitar seus corpos.

Fui questionada se eu era profissional do sexo, igual à Bruna Surfistinha.

Falei sobre a proposta dele em tribuna de Tribunal.

Atraiu os olhares tanto de quem concebia o conceito de ser "boa de cama" como pornográfico, coisificante, da rua, feito por profissional do sexo, quanto da concepção do ato sexual como simplesmente BOM!

Precisa dizer que o ato sexual sem amor é vazio, isso é ruim de cama, de vida!

Que para ser bom de cama é preciso amar também na cama, e não usar!

Novo conceito do sexo como ato de amor, portanto só pode ser BOM!

Isso depende de a pessoa se amar para levar esse amor para o sexo.

Exige entrega a si e partilhar o que se é com o outro, poder acolher o que o outro é.

Neutralizar a crença machista de que ser boa de cama é ser usada pelo homem, porque quem usa também se usa, não sente prazer profundo.

Que todos perdem quando o amor não é convidado a fazer parte das relações sexuais.

Mesmo os estudiosos sobre o assunto, psicólogos, sexólogos, ao terem o primeiro contato com o livro, pelo título, já faziam a ligação direta com o conceito de "BOA DE CAMA" dotado de conteúdo coisificado.

Ainda está muito presente a crença de que esse termo se refira a uma pessoa totalmente desprovida de sentimentalidade, que se coloca na condição de objeto de uso sexual à satisfação alheia. Nessa perspectiva, nenhum dos envolvidos vivencia a máxima satisfação do encontro sexual.

É possível que, durante uma relação sexual, a parceira se valeu de performances, e isso agradou ao parceiro, levando-o à "loucura", e ele vai dizer "ela é Boa de Cama".

Será mais ou menos, se o coração não participou!

A mulher "Boa de Cama" é aquela que é dona da própria sexualidade, capaz de sentir a libido sem qualquer julgamento, aproveita-se dela, curte, sente, extasia-se com uma pessoa cuja escolha foi livre e independente.

Fora da cama, tem com seu companheiro uma relação respeitosa, divertida, carinhosa, de partilha. Portanto, as que não têm um relacionamento sério ou duradouro, quando de uma transa ocasional, a

"Boa de Cama" se autopercebe, se envolve no nível possível desse tipo de relação e ainda enxerga a pessoa como um parceiro, não se faz de objeto nem "coisifica" o outro.

Ela leva amor também, em uma única noite!

É a que tem maturidade sexual, ou seja, que se solta e se entrega ao prazer na presença e companhia de seu companheiro, uma vez que não se intimida nem se coisifica, sente prazer em dar prazer tanto a si mesma quanto ao outro.

A que se ama é capaz de amar, por isso não aceita nada menos do que atos de amor em relação a si e práticas de atos de amor em relação aos que ama.

Muitos disseram da dificuldade em apresentar "um livro que tem esse título" em inauguração de uma loja, em um café literário, em levá-lo para casa, por acharem que se tratava de algo pejorativo, como costumeiramente se interpreta a questão sobre a sexualidade.

Tratar a sexualidade como um todo, sob o prisma do respeito, da educação, com foco na saúde emocional, mental e física, para, em breve, ser livro de cabeceira de qualquer pessoa que deseje uma vivência sexual prazenteira manifesta na união entre amor e sexo.

Algo a ser repassado de geração em geração como medida a, no mínimo, diminuir a altíssima incidência de compreensão sobre o ser boa de cama, com aspecto coisificante, que em nada contribui para com essa área da vida, pelo contrário, revela desde um "não saber lidar com a sexualidade" até um total desprezo por ela.

Para que, ao dizer-se "BOA DE CAMA" já se faça, imediatamente, a ligação a algo virtuoso, a qualidade, atributo, por entendê-la como resultado de investimento nessa área da vida, que significa o apossamento da sexualidade dentro da personalidade.

Somos classificadas com as mais diversas expressões: "Boa Mãe", "Boa Filha", "Boa Esposa", "Boa Profissional", "Boa Empresária", "Boa Amiga" (dentre tantas), e também de "Boa de Cama".

É para ter dimensão emocional, espiritual, física, afetiva!

Esse novo conceito exige que toda mulher na cama deve ser respeitada, querida, percebida e aceita como um ser inteiro em relação ao que pensa, sente, expressa, entre cabeça, coração e pelve.

Não fará mais a divisão entre mulher para casar e para transar, santa, pecadora, de família, promíscua, por sermos simplesmente mulheres.

Ao se dispor a deitar-se conosco, deve ter no mínimo afeto!

A mulher que se conecta à energia vital, sexualidade, se apropria dela, é boa de cama, para si mesma, de carreira, de vida!
Tudo porque ela se ama!

VI – SEPARAÇÃO ENTRE AMOR E SEXO

Ao separar amor de sexo, a pessoa escolhe alguém "para amar" e outro "para transar".

Essa separação significa que o coração está separado da pelve, através da cabeça que pensa ser o sexo algo sujo, portanto não deve ser feito com quem se ama.

Só que amar o parceiro e fazer sexo com terceiro é porque não o ama, e sim o usa.

Amor e sexo juntos efetivamente tornam o relacionamento amoroso, portanto, faz-se amor!

Traições surgem quando a pessoa separa esses dois ingredientes.

Trair não é somente ter relação sexual com terceiros, mas também quando a pessoa vai para a cama se sentindo obrigada.

Ela trai a si mesma por fazer o que não deseja, ter encontro íntimo com o parceiro, então isso não é amor!

Ou quando rouba afeto da relação através dos namorados virtuais.

Somente a união entre amor e sexo une o carinho suave e a força do desejo sexual.

TE AMO, MAS TRANSO COM OUTRO

História I

"Amo meu marido, mas não para fazer sexo!"
(jornalista, 48 anos)

História da mulher que sentia repulsa quando o marido queria fazer amor:

Ela adorava a companhia do marido, as viagens que faziam juntos, a conversa, mas fazer amor com ele era um martírio. Dizia que era a idade, mas quando lhe perguntei o que ela pensava sobre o sexo, me afirmou que é uma coisa boa, mas muito melhor para o homem que sempre quer mais e aproveita mais.

Ou seja, sexo é algo para o homem!

Se é algo para ele, então servia a ele sexualmente, o que significa fazer para ele, em função dele.

O resultado é abrir mão de dizer sobre o que gosta, quer, deseja, isso faz com que a mulher esconda seu desejo sexual.

• Mulheres que não sentem o orgasmo;

• Mulheres que não sentem vontade de fazer amor;

• Mulheres insatisfeitas na cama.

Não há problema em caprichar na hora do amor, fazer posições sexuais que o agradem, mas desde que seja algo desejado por si mesma.

Subir na parede e descer em cima dele pode ser uma delícia para os dois, se a crença é de que sexo é expressão do amor com o prazer entre o casal.

A relação não é entre irmãos...

Separar a preguiça de começar a sedução do cansaço e da questão hormonal.

Em qualquer dos casos, é preciso força de vontade.

Assim como se precisasse levar o filho à escola.

É levar o amor adiante...

AMOR E PRAZER JUNTOS, resultado: suas escolhas serão direcionadas para ter os dois ingredientes.

OPERAÇÃO ACORDA, ALICE!

✓ Dê uma checada hormonal com seu ginecologista.

✓ Você é maior do que a menopausa.

✓ Quem faz amor consigo mesma vai estar com a energia vital em alta.

A maioria é capaz de rosnar de prazer com um estranho, pois separa amor de sexo. A entrega ao prazer com uma pessoa desconhecida ou pouco conhecida tem seus limites e quem já experimentou sabe o que isso significa.

Como olhar bem nos olhos e fazer um contato íntimo onde não se construiu intimidade?

Pode ter carinho, desejo sexual, afeto, respeito, mas intimidade é uma construção que depende de um certo tempo, convívio para alcançar níveis de entrega ao próprio corpo e ao corpo do parceiro.

Sentimos desejos e instintos sexuais independentemente de amar ou não a pessoa.

Às vezes é a boca, as pernas, o tom de voz que despertam a libido.

Tudo isso está no corpo de quem sente, portanto a pessoa que tem esses atrativos só fez aparecer o que já estava ali, entende?

O desejo está em nós, alguém aparece e o aciona, mas ele está ali.

Portanto, você escolhe o que fazer com essa sensação.

Por isso, não acredito que "ninguém é de ninguém" que se caminha para não existir lealdade nas relações, porque todos farão sexo com quem sentem desejo. Isso não é verdadeiro!

As pessoas vão escolher fazer sexo com vários parceiros, mesmo sendo casadas, se não conseguirem conhecer o próprio corpo e despertar o desejo adormecido.

Ter vários parceiros para transar comprova que se precisa de algo fora de si para fazê-lo sentir.

Depende de diversos estímulos externos, porque não consegue produzir o próprio desejo.

É carente de si mesma, necessita sempre de novidade por não ser novidade para si.

Somente sua pelve "funcionará", o coração cada vez mais ficará vazio enquanto a cabeça vai lhe convencer a continuar nessa "evolução moderna" de não pertencer a si mesma.

Mesmo que não se ame a pessoa com quem se faz sexo esporádico, pelo desejo que se sente, mas se ela estiver inteira internamente por não dividir amor (coração) do sexo (pelve), o ato sexual praticado com essa pessoa é uma expressão de amor. E a visão que os separa é atribuída à sofisticada sexual, uma vez que "não há possibilidade de sexo sem amor" (*Amor e Orgasmo,* p. 25).

É mais ou menos como dizer à pessoa com quem se faz sexo: "Naquele momento, eu amei você".

Isso somente ocorre em relação à pessoa que não está dividida, cindida, nem é ambivalente. Uma raridade, mas, mesmo assim, não podemos mudar o significado de que sexo é expressão do amor entre indivíduos adultos e integrados.

Como fica o ato sexual praticado com abuso, violência?
Todo abuso é violência e toda violência é abuso!
Sem amor o sexo é abusivo e violento, porque se torna uma relação onde um usa o outro!

Quando sofri abuso sexual, o agressor usou de minha inocência de criança para tirar proveito pessoal.

Não houve penetração, o que dificultou ainda mais que alguém percebesse, tornou o ato mais violento, ninguém poderia me defender.

O abusador tinha severos problemas com sua sexualidade, portanto tudo que fizesse iria ser doentio.

Ele separava amor de sexo de tal forma que se tornou doente.

Porque amor e sexo unos faz do ato sexual manifestação do amor, jamais do sofrimento.

O que fez comigo não foi manifestação do amor, mas do ódio!

É importante entender e separar o ato sexual praticado por uma pessoa sadia, emocional e mentalmente, do praticado por uma adoecida.

É mais ou menos assim: "A faca é uma faca, você pode utilizá-la para passar manteiga no pão ou para matar alguém", mas ela não deixou de ser faca por conta dessas formas de uso.

Tudo o que uma pessoa doente fizer revelará sua personalidade adoecida; já a saudável, tudo o que ela fizer será reflexo da sua personalidade saudável.

Ambas podem praticar atos semelhantes, mas as consequências serão diferentes em relação a cada uma, e o ato que identicamente eles praticaram não pode mudar seu significado por conta disso, uma vez que o significado está na personalidade do indivíduo.

O ato sexual não deixou de ser expressão de amor entre pessoas adultas e integradas, primeiro porque quem o utiliza com uma criança, no modo violência ou abuso velado, sequer pode ser chamado de "adulto integrado".

Segundo, porque o *mau uso* não pode ter a capacidade de alterar seu significado, sob pena de estarmos condenados a sempre fazer somente sexo dissociado do amor.

Não podemos contaminar o sexo por conta da perspectiva do indivíduo que, por problemas de diversas ordens, fez dele um instrumento tão distorcido quanto sua personalidade.

Só que o sexo é e continuará sendo a manifestação de amor na vida daquelas pessoas que o canalizarão para o aumento do vínculo do amor.

A pessoa adoecida vai manifestar sua doença em tudo o que ela fizer!

Portanto, o ato sexual dela será doentio e, mais ainda, quando ele se dá através da violência, abuso, constrangimento.

Não deixe que isso contamine o significado, o sentido do ato sexual como manifestação do amor.

Assim, como há pessoas que matam em nome do amor, não se deve permitir a contaminação do significado do amor por conta dessa manifestação doentia.

O amor continuará sendo o amor e pronto! E suas manifestações são o contato, o abraço, o beijo, o cuidado, o sexo, o acolher, a proximidade...

Na manifestação doentia pelo uso do sexo, o indivíduo o utiliza de modo a satisfazer sua doença e não por um desejo saudável de proximidade e, ainda, muitas das vezes, por ser algo incontrolável.

É só mais uma prova do quanto a separação do amor e sexo pode adoecer, levar a outras realidades, envolvimento extrarrelacional, relação de abuso, insatisfação persistente.

A maioria das relações é abusiva, o ato sexual é praticado em troca de alguma coisa... Para não se sentir sozinho, relaxar, dinheiro, segurar o parceiro...

Quando se está integrado na cabeça, o que se pensa sobre a sexualidade? Coração, o que sente por si mesmo? Pelve, o que você pensa e sente por sua pelve? Será o amor a mover a manifestação do ato de amor.

Deveria ser manifestação genuína do amor, em sua integralidade, mas é praticado às escondidas, cindido, ambivalente, prejudicial pelo uso da força, coação ou engodo, pela pessoa doente.

É "normal", em termos estatísticos (por sermos muitos), a presença de ambivalência, em nós, de tendências opostas presentes ao mesmo tempo.

Digo em termos estatísticos, pois, para efeito de saúde, isso revela uma divisão interior, cisão interna, nossas distorções conflitantes e conflituosas.

Quem separa amor de sexo, também o faz em relação ao dinheiro, pois a base da energia é a mesma, a sexualidade! Atribuem ao dinheiro a conotação de bem ou mal!

**Todo rico é ladrão ou esnobe, quem nunca ouviu isso?
Ele é pobre, mas honesto!
Relacionam-se com o dinheiro de maneira dividida, usam-no, em
vez de desfrutar dele.**

Dependendo da forma como ele é utilizado, pode ser nominado de bem ou mal; se, para curar gente, salvar vidas, ter mais liberdade, é do bem.

Corromper, pagar para matar, produzir elementos químicos para destruir nações, é do mal, só que ele não deixará de ser dinheiro mesmo passando por essas circunstâncias.

Ao concebê-lo como algo mau, sempre irá atrair motivos para usá-lo de forma maldosa.

Tanto ricos quanto pobres podem vivenciar essa separação, diz respeito à separação energética da sexualidade, não pelo fato de ser rico ou pobre.

**A sexualidade cindida dividirá a pessoa em tudo que ela se
expressar, seja com o parceiro, ou a carreira!**

Sexo é manifestação de amor, o nível de equilíbrio, quão inteira essa pessoa está ou o nível de cisão que ela apresenta são os elementos que direcionarão o modo do envolvimento sexual.

Mas o ato sexual não deixará de ser um gesto de amor em decorrência da forma, diria, distorcida com que ele é praticado ou interpretado. Ademais, essa forma irá, também, direcionar o nível de satisfação e o tipo de prazer que a pessoa sentirá.

O prazer com uma pessoa a quem se está ligado pela química sexual, sem amá-la, mas expressando afeto no momento de intimidade, é diferente de transar em uma perspectiva de que ela está apenas em uma condição de objeto à disposição do outro.

Porque ninguém é educado para respeitar e desfrutar do ato sexual como expressão do amor.

Ao iniciar a atividade sexual, no mínimo, é preciso afeto, e nós, mães, pais temos a obrigação de ensinar nossos filhos a pensar positivamente (cabeça) sobre o sexo, fazer amor em vez de transar, para isso fazê-lo com quem sente afeto (coração), respeitar a própria pelve e a do parceiro (pelve).

Manter a crença de ser o ato sexual aquilo que os coloque como abusador ou abusado em busca do prazer, com a concepção de que o outro é apenas um instrumento para descarregar a energia sexual, um receptador da descarga sexual, vai torná-los adultos cindidos.

Muitos pais "se orgulham" ao ouvir sobre as proezas sexuais dos filhos, "divertir-se" à custa dos outros, alardear, apresentar a lista das "traçadas", "comidas", dos "fisgados", "experimentados", "traçados" aos outros.

Estão cavando um buraco para eles caírem!

Tanto na vida amorosa quanto na carreira, pelo aprendizado em casa de que o prazer está em abusar do outro, usar em vez de partilhar e desfrutar!

Assim o será na carreira!

Irá atrair pessoas, chefes para abusar, explorar, ou então será um abusador, explorador.

Fará mal uso do dinheiro, ou servirá a ele!

Muitos acreditam que uma coisa é a carreira, outra é o relacionamento, mas ambos estão interligados pois pertencem à mesma pessoa. A energia é a mesma, da sexualidade!

A prática do sexo como oposto ao amor não tem nada a ver com o nível satisfatório que o prazer proporciona.

Pode até ter ejaculado e sentido um "orgasmozinho". Só que será um nível de prazer raso e bem localizado na região genital, sem aquele esparramar e inundar o corpo todo em uma sensação de prazer.

A crença, consciente ou inconscientemente, de usar o outro é o que vai experimentar para si mesmo; se aproveitador, também será aproveitado; se objeto, também o será.

Homens que fazem e acontecem ficam com várias mulheres em uma mesma noite, ou mesmo na mesma cama, passam a impressão de ser verdadeiros desfrutadores da sexualidade.

Impossível!

Para esse perfil, olhar nos olhos, respirar profundamente é demais para ele!

O prazer depende da conexão corporal, da respiração, do envolvimento...

Se assim o faz de tudo e com todas, é porque ainda não experimentou o prazer que desprende da necessidade de transar com todas.

Além da tentativa de usar todo esse arsenal para que ninguém duvide de sua masculinidade.

Isso, certamente, é algo de que ele também duvida. O foco não é o envolvimento, mas o provar algo aos outros e a si mesmo, portanto, o prazer genuíno não será vivenciado.

Não é para se sentir culpado, mas responsável pelas próprias escolhas! Saiba que existe algo muito melhor do que isso, mas a escolha é individual. Às vezes, de tanto experimentar algo raso, se acredita que só exista isso, só que não!

Caso precise praticar sexo para se divertir, vai continuar praticando sexo para se divertir. Se interessar-se em perceber outra abordagem sobre o prazer, então experimente enxergar a prática sexual com o coração.

ELES SOFREM QUANDO SEPARAM AMOR E SEXO

História II

Azar no amor, sorte na carreira!

[...] uma severa perturbação da genitalidade [...] era especialmente verdadeira naqueles homens que mais faziam a propaganda de suas conquistas sexuais e que mais alardeavam quantas vezes "conseguiam" numa noite. Não havia dúvida de que tinham potência eretiva, mas sua ejaculação era acompanhada por pouco prazer ou nenhum prazer, ou até o oposto por nojo e sensações desagradáveis (obra *Amor, Sexo e Seu Coração*, p. 45).

O medo de se entregar à mulher é fruto das complicações do relacionamento entre a mãe e o filho em sua tenra idade. Permitir essa entrega o deixa em uma condição propícia ao abandono.

Qual filho não se sentiu rejeitado ou mesmo abandonado por sua mãe? Mãe que o deixa na escola e sai para trabalhar, deixa de castigo e, às vezes, até dá algumas palmadas ou olha com aquele olhar de rejeição por ele ter aprontado alguma, que deixam o país para tentar a sorte em outro lugar, sem se esquecer das situações de abuso, maus-tratos, que são processadas pela criança como sinais de rejeição ou abandono.

Eu desmamei minha filha caçula porque meus seios inflamaram, mesmo com antibióticos pesados a infecção não cessou. Fui obrigada a desmamá-la. Como ela interpretou isso? Abandono! Não é certo nem errado. Faz parte da vida, mas, como adulto que é, você pode mudar! Não se culpe, mude!

Quando adulto, vai conter ao máximo a entrega ao amor por meio do sexo com uma pessoa na tentativa de ter segurança, controle de que, se a relação acabar, ele não vai desmoronar nem sofrer.

Ficar com várias pessoas, em nossa sociedade, passa a impressão de que se está aproveitando ao máximo e sentindo muito prazer. Entretanto, a verdade é outra, se estivesse sentindo, profundamente, muito prazer, não precisaria de tanto. Não estou mencionando a fase da descoberta, mas para um indivíduo adulto, que ainda está ligado à quantidade que ele "pega" algo está errado.

Essa condição lhe dá a sensação de "poder", que é aparente, pois, no fundo, ele esconde o medo das mulheres e está condenado a vivenciar separadamente o amor e a sexualidade, cujas sensações são totalmente limitadas e, às vezes, até repugnantes.

Ele, solteiro, 30 anos...

Resolvido financeiramente, um "partidão", não conseguia desenvolver um relacionamento duradouro.

Diversas tentativas, na última estava apaixonado, contudo, novamente a relação não deslanchou...

Afirmou que, quando tinha química com uma mulher, podia ter certeza de que ela era uma "ordinária", ou seja, não servia para casar, e que aquelas de "índole", com a qual seria possível o envolvimento, ele não sentia desejo, sequer, de beijá-las na boca.

Relatou-me o relacionamento com uma moça que, mesmo após o término, vez ou outra, telefonava para ele, e, quando estava do jeito que estava, "desiludido", ligava para ela.

Terminara com ela por não sentir nenhuma atração física, embora fosse a pessoa ideal para ele se casar, por ser digna, honesta, verdadeira, carinhosa, trabalhadora, "fina".

Ele se sentia muito bem ao lado dela, mas, na cama, "nada a ver".

Enquanto uma delas, por quem ele se sentia loucamente atraído, se davam bem na cama, era insuportável, barraqueira, ordinária, quando iam para a balada ela dançava se oferecendo para os outros homens, não confiável, perigosa, ela poderia chifrá-lo.

Antes, ele entrava em uma balada e outra, ficando com tudo o que era mulher. Agora, ele buscava envolvimento, só que não conseguia.

Badalar como antes era frustrante, envolver-se era muito difícil.

Sentia o desejo de relacionar-se, casar-se, formar uma família, em um movimento inicial em busca disso, mas quando se envolvia com uma moça, não passava de um mês, rompiam, ou porque não havia química ou por ela ter comportamento inadequado.

Um dilema entre a cruz, amor, e a espada, sexo.

Pela moça "adequada", ele sentia afeição, ternura, carinho, sensação de bem-estar, que são sentimentos ligados ao coração, ao amor.

A outra, por quem tinha química sexual, não suportava. Uma, a mãe, santa; a outra, vadia, pecadora, ligada à pelve.

Nítida a divisão entre mulher para amar, casar, de casa, e a mulher para transar, da rua.

Por isso, muitos homens têm mulher em casa "para amar" e uma fora de casa para transar. Às vezes, essa mulher em casa pode ser a própria mãe, mesmo quando o filho, já adulto, mora com ela, ou ela mora com ele, e daí, projeta na companheira, namorada, a puta, e a relação fica cindida, incompleta, insatisfatória, e tudo de forma inconsciente.

Inconscientemente ele fazia essa escolha para não chegar a ponto de envolver-se, assim, aparentemente, ele estaria "seguro" e sem a possibilidade de sofrer a perda de um grande amor, mas isso já não o satisfazia mais como antes, e a prova disso era o incômodo.

Eles também sofrem com essa cisão, há até uma classificação sobre esse perfil:

> (1) o filho-amante, que se vê como o verdadeiro amor de uma mulher, mas ao custo de ter de abrir mão do direito de possuí-la; (2) o irmão-protetor, agressivo para assegurar o bem da mulher, mas passivo na asserção de suas próprias necessidades; (3) o herói-cavaleiro (que corresponde à figura feminina romântica), que é atraente para a mulher em sua promessa de masculinidade, mas esta não pode ser concretizada porque o desenvolvimento desse homem ficou imobilizado na adolescência; e (4) o pai, que se baseia no poder e na dominação, mas ao custo da capacidade de se entregar ao amor (Lowen, *Uma Vida para o Corpo*, p. 133).

Esses comportamentos inconscientes foram maneiras encontradas quando criança para se conseguir elaborar as experiências no ninho familiar.

O corpo é sábio; ele, a cada vivência traumática, sofrível, vai criar um mecanismo para tentar solucionar o problema, fazer com que a pessoa prossiga viva, que ela sobreviva.

A questão é que isso ajudou muito quando era criança e agora, na fase adulta, o indivíduo precisa perceber tudo isso e buscar alternativas que o levem não a uma condição de sobrevivente, mas à de pessoa com muita vitalidade. É a autoposse da sexualidade!

Na fase adulta, torna-se um problema o corpo estar em um ambiente e em situações diferentes do lar inicial, por estar no presente e não no passado, embora as questões do passado estejam muito presentes e precisem ser ressignificadas para a vida fluir.

Separar amor de sexo é deixar que a outra metade de si mesmo fique em lugar diferente de onde deveria estar. A união entre os dois proporciona tanto à mulher quanto ao homem a integralidade necessária para a experiência de ser bem-sucedido em todos os aspectos da vida.

TE AMO, MAS TRANSO COM OUTRAS

História III

Os homens não são todos iguais! Alguns ainda escolhem viver a vida mais ou menos, mas muitos desejam amar e ser amados com a força da sexualidade integral. Sintonize-se à sua energia vital, sexualidade, e haverá o encontro!

Um aluno meu do terceiro período da disciplina Criminologia do curso de Direito era o típico "sentiu, tenho de fazer!".

Sempre ladeado pelas mulheres, as mais bonitas da sala. Era perceptível o envolvimento sexual dele com as colegas.

Como a disciplina trabalhava questões ligadas à psicologia, mencionei a dificuldade das pessoas em perceberem, aceitarem e dominarem seus sentimentos, associar o fato de sentir à "obrigação de fazer".

Citei vários exemplos em que os sentimentos de raiva, ódio, quando não apropriados pelo indivíduo, podiam levar a agressões contra si mesmo, surgimento de doenças e até à prática de assassinatos.

E que desejos sexuais não trabalhados quase que "obrigariam", principalmente o homem, em razão de nossa cultura patriarcal, a se envolver sexualmente não como uma escolha, mas como uma necessidade por não saber o que fazer com a sensação, ou para fugir dela.

Essa fala o trouxe até mim para uma conversa durante o intervalo. Ele era muito sedutor e tinha um ar de carência muito grande. Contou-me sobre o quanto ele se excitava com facilidade e não tinha preferência em relação ao tipo de mulher, que isso era um problema em relação à sua esposa que sofria muito com tudo, pois ela suspeitava que ele a traía.

Em linhas gerais, eu o cumprimentei pela atitude e asseverei que não teria condições de adentrar em profundidade na questão, mas poderia dar-lhe algumas dicas, se fosse essa a sua intenção, desprovida da intenção de que seria uma verdade, apenas como luz para que ele refletisse e com a sugestão, porque algumas experiências não refletem o amor.

Viemos para desfrutar da vida integralmente. Esse negócio de mais ou menos não é de Deus! Quando alguém me oportuniza a levar mensagem de luz para que o amor nasça, cresça e frutifique, falo mesmo!

Bati na tecla do quanto temos dificuldade em perceber e nos apropriarmos de nossas emoções. O quanto, ainda, somos possuídos por elas, pelo medo de as sentirmos, ante a ligação de que essa permissão do sentir "nos levaria a fazer".

Ou pela ansiedade que sentiria por não saber senti-las, e isso levaria, obrigatoriamente, ao "fazer". Assegurei que existe uma diferença muito grande entre todo o caminho da percepção, aceitação até o "fazer". Não escolhemos o que sentir, mas o que fazer com isso!

Pedi licença para falar que, pelo pouco que o conhecia e com base no que me falou, "transava muito fora do casamento", sentia com facilidade um tesão muito grande por diversas mulheres.

Quando "elas davam mole", eles transavam, embora ultimamente se sentisse incomodado com isso, muita culpa depois da transa. Percebia que isso atrapalha muito o relacionamento conjugal, queria ajuda.

Afirmou amar a esposa...

Ele já começou a conversa afirmando que a amava, mas que não conseguia parar de se envolver com outras mulheres.

A conversa foi estendida por mais três intervalos de aulas seguintes, o que me deu tempo para refletir sobre a questão.

Levei um questionário para ele e pedi que respondesse de forma verdadeira, sendo forma verdadeira a primeira resposta que surgisse, nestes termos:

• Como era para ele (bom, ruim, sentia-se poderoso, sentia medo, etc.) sentir desejo sexual por outra mulher?

• O que aconteceria e como se sentiria se ele ficasse com a sensação da libido e não fizesse sexo?

• Fazer sexo com outra mulher era "quase uma obrigação"? Se sim, quem o obrigava? Se não, por que então ele fazia sexo com, basicamente, todas por quem ele sentia tesão?

• Qual o nível de prazer que ele sentia, antes, durante e depois?

• Como seria para ele perceber esse desejo e, em vez de transar, "canalizar" essa energia para curtir com a esposa? Já que, como homem adulto, você conta com essas opções "transar imediato" com uma estranha/conhecida ou "canalizar" a vontade para curtir com a mulher ou, simplesmente, sentir e não fazer nada.

• De quem é essa vontade que você sente? Quem é o dono dela?

• Quem tem a capacidade de escolher o que fazer com o que se sente?

• Como você se sentiria se soubesse que sua mulher é igual a você, ou seja, o ama muito, mas se envolve sexualmente com outros homens?

• Em sua concepção, ela seria obrigada a não se envolver ou tudo bem se ela se envolvesse?

• Você exigiria dela uma atitude diferente da sua? Ou tudo bem se ela agisse tal como você age?

Essa é uma das diferenças de uma pessoa que está sozinha para a que tem um relacionamento e se diz leal a ele.

Importante pensar no outro dentro do contexto, enxergá-lo como um ser que sentirá as consequências das escolhas que o parceiro faz. Mentir, trair é viver mais ou menos!

Fechei a conversa com ele dizendo que o termômetro em nossas vidas em relação ao que fazemos é saber como estamos nos sentindo, e, como ele estava pedindo ajuda, isso seria um sinal de que algo não estava tão prazeroso, uma vez que o incômodo era um indicativo de que algo "não estava bem" e pedia mudanças.

Às vezes se aprisiona em nome da liberdade!

O corpo é sábio, ele adoece quando as escolhas não são guiadas pelo amor.

E que, de repente, chegara a hora de ele se conhecer melhor durante esse processo para livrar-se da prisão, aprender maneiras de ter o domínio sobre a própria vida.

Evitar vivência de um círculo vicioso em que a pessoa não está satisfeita, não sente prazer genuíno, nem consegue abandonar a prática.

Ao final, li para ele trechos do livro de Alexander Lowen. Sempre utilizei muito esse autor nas aulas de criminologia, pedi ele para refletir sobre suas considerações em relação aos tipos de envolvimento sexual masculino:

> [...] uma severa perturbação da genitalidade era especialmente verdadeira naqueles homens que mais faziam a propaganda de suas conquistas sexuais e que mais alardeavam quantas vezes "conseguiam" em uma noite. Não havia dúvida de que tinham potência eretiva, mas sua ejaculação era acompanhada por pouco ou nenhum prazer, ou até o oposto, por nojo e sensações desagradáveis (em comentário a Reich, *Amor, Sexo e Seu Coração*, p. 45).

Alguns homens só podem permitir a emergência de poderosas sensações genitais se estiverem dissociadas de seu coração.

Disse-lhe: sabe o porquê desse comportamento?

Por medo de amar e ser abandonado, rejeitado, sensações já conhecidas lá da infância. Entretanto, essa forma de relacionamento, ou seja, o "sexo sem amor, dá a esse homem uma sensação de poder que lhe permite negar seu medo das mulheres, mas sexo sem amor não é agradável nem satisfatório" (*Amor e Orgasmo,* p. 40, 45).

Agora, se para você é agradável, é sinal seguro de que ainda não experimentou a sexualidade como manifestação do amor, que une a vivência diária harmônica e envolvimento sexual prazeroso.

Pedi a ele para observar qual dessas questões lhe fazia sentido e acrescentei:

> A personalidade narcisista rígida, que funciona exercitando sua vontade, é fisicamente incapaz de sentir qualquer ternura de verdade. Por ser tão rígida, qualquer excitação sexual que perceba atravessando seu corpo até os genitais cria uma tensão poderosa que é preciso descarregar o mais rápido possível (*Amor e Orgasmo,* p. 45).

A "carinha" dele, com aquele olhar de bichinho carente, suave, "de pôr no colo", na verdade, isso era somente a "casca", uma camada que ocultava a verdadeira personalidade dele, que se valia dela para atrair suas "presas".

OPERAÇÃO ACORDA, ALICE!

✓ E as mulheres?

✓ Ah... Como nós mulheres queremos salvar o mundo, os homens, os filhos e as borboletas azuis...

✓ Jamais conseguiremos isso, portanto paremos de acreditar que um dia ele muda...

✓ Só muda se ele quiser, o máximo que podemos lhe oferecer é nossa fala sincera sobre o que é necessário para que o relacionamento continue.

✓ Colocar-lhe limites, a partir do que conseguimos ou não vivenciar com eles.

Com essa aparência terna ele encobria uma pessoa que não sentia nenhuma ternura pelas mulheres que iam para a cama com ele.

Seu perfil era um atrativo muito grande para elas, dava a impressão de que ele estava apaixonado e seria capaz de oferecer muito carinho. Contudo, ele queria apenas descarregar a tensão causada pela energia sexual sem qualquer suavidade.

Ou seja, o que ele usava para atrair as mulheres (carinha terna e suave) era, exatamente, o que ele não podia oferecer a elas.

Embora muitos homens afirmem que têm envolvimento extrar-relacional porque são livres, ou para se sentirem livres, na verdade, inconscientemente,

"são as sensações de uma criança que sentiu a mãe como pessoa controladora" (*Amor e Orgasmo*, **p. 99) que ainda os dominam, a ponto de acreditar que, ao se envolver dessa forma, estarão se libertando das garras dessa mãe. Contudo, isso não tem nada a ver com a sensação de liberdade de um homem adulto.**

Bagunça qualquer relacionamento em que os parceiros não conhecem a si mesmo. Isso só gera infelicidade.

Ele me confessou sua angústia, tristeza!

Não sabia por que fazia isso com sua parceira.

Disse-lhe que a questão não era somente "por que ele fazia isso com a mulher dele", mas por que ele o fazia com ele?

Para você ver que não existe diferença em termos das sensações, mas no modo como as interpreta e o que se faz com elas.

Nossa concepção cultural permite muito mais ao homem "expressar-se", fazendo, e às vezes até o impulsiona a "provar" sua sexualidade, masculinidade.

Quem já sente, sabe o que é, não precisa provar nada a ninguém!

Mesmo nós, mulheres, muitas vezes concebemos que o homem tem a obrigação de provar sua masculinidade por meio do sexo.

Vários relatos de algumas que saíram com homens em que, mesmo "esfregando muito nele, ele não fez nada! Era um frouxo!".

Esse é o diferencial, os dois como sujeitos adultos podem, sem qualquer culpabilização ou julgamento, se valer dessas sensações por outras pessoas para o envolvimento sexual na própria relação e para o fortalecimento do vínculo, cumplicidade.

Escolher canalizar as sensações em proveito do relacionamento.

Agora, em relação ao porquê de estarem tão "empolgados" sexualmente com outras pessoas, pode ter diversos fatores, tais como autossabotagem.

Sentir muito desejo pela pessoa amada, curtir isso com ela pode significar uma vivência profunda de intenso prazer e, de repente, "acredita-se que não mereça tanto".

Ou estão partilhando um cotidiano harmônico, portanto, "não podem se envolver profundamente na cama".

Nos dois casos se separam o amor do sexo!

Quando seu relacionamento esfriar, lembre-se de que o fogo está em você; se estiver acesso, não tem como esfriar!

Não tente dominar o que o outro pensa, sente, apenas no como se lida com isso, no cuidado em se expressar para não ferir a si mesmo nem ao outro.

É inegável a importância das sensações e sentimentos em nossas vidas, mas, enquanto não os reconhecermos e aceitarmos, poderemos nos tornar "vítimas" de algo que está em nós e se tornou maior do que nós mesmos.

O PODER ESTÁ...

Eu acolho com tranquilidade o que penso e sinto, escolho o que fazer com tudo isso a favor do amor!
(Faça dessa frase um mantra)

Quanto mais escolher a opção por agir de forma a fortalecer o amor-próprio e para com o outro, o curso das sensações seguirá de acordo com essa escolha.

Essa afirmação ajuda em infindáveis questões, desde a escolha em entrar em uma discussão com o companheiro, filhos, colegas de trabalho, chefes.

Os ataques compulsivos à comida, compras, sexo ou qualquer outro comportamento que a afaste da escolha de se amar mais!

VII – JOGO DE PODER, USO DO SEXO

É o oposto do amor!

Relacionamentos que usam o ato sexual para controlar o outro são capazes de matar o amor, não deixar que ele cresça.

Comumente se faz trocas pelo sexo.

Pensa-se que somente os profissionais do sexo assim o fazem, mas o que diria sobre agradar o parceiro na cama para ele lhe dar um carro novo?

Diversas mulheres foram "enganadas" por estelionatários amorosos.

Os argumentos desses homens de serem ricos, com diversas propriedades na praia, carros luxuosos, criaram nelas "confiança suficiente" para se filmarem nuas, se masturbando, e lhe dar de presente.

O resultado foi o uso dessas imagens para chantageá-las, exigir dinheiro!

Pergunto: por que essa entrega erótica?

Caso lhes dissessem serem pobres, trabalhadores de atividade mais simples, agiriam dessa forma?

O amor não tem nada a ver com o uso do corpo, sensualidade, para jogar com os sentimentos e sensações, controlar o companheiro ou companheira!

Enquanto se joga com o outro, controla e trava o fluxo de energia necessária à descarga através do prazer orgástico!

Pois a cabeça não permitirá se entregar, receber totalmente o parceiro, porque o medo de ser vencido é maior.

Só que, nessa história, todos perdem!

Por isso, muitos homens temem que sua mulher busque conhecer seu corpo, sinta prazer de forma plena.

Também, ela acredita que o segura através do ato sexual na crença de impedir uma traição, só que isso é uma traição a si mesma, portanto atrairá chance de realmente ser traída.

MEU MARIDO DIZ QUE SOU FRÍGIDA!

História I

Ela...

Cujo marido a chamou, certa vez, de frígida.

Aconteceu bem na semana em que ela estava se sentindo solta, descontraída e com mais desejo sexual, inclusive poderia afirmar que se encontrava em uma das melhores fases da vida.

Ela partilhou com ele achar estranho em chamá-la de frígida, exatamente quando estava se sentindo livre para curtir com ele, inclusive fantasias sexuais que antes nem imaginara, e sentiu orgasmos profundos.

O que poderia estar por trás dessa fala dele? Você é frígida...

Frígida é a mulher que não sente desejo sexual!

Impotente orgástica é a que não se entrega às sensações prazerosas do orgasmo!

Que nomes horríveis, frígida, impotente!

Eu julgava ter esses dois problemas, não percebia minha libido, senti meu primeiro orgasmo aos 32 anos.

Lembra-se daquela sessão de terapia em que a terapeuta me disse que eu não conhecia meu corpo?

Depois disso me deu uma sacudida, fui me conhecer.

Comecei com massagem corporal, respiração, masturbação, e com essa tive muita dificuldade...

Sempre li muito, meus livros de cabeceira passaram a ser sobre prazer, em vez de direito penal civil... Até eu perceber que não sou frígida, muito menos impotente!

Mas fui eu quem busquei, descobri e senti.

O que ele disse revela insatisfação pessoal na relação consigo mesmo, ou em relação a algum ato específico praticado por ela. E chamá-la de frígida seria o reflexo de certa raiva que não foi expressa quando da prática desse ato, por ela.

Poderia elencar um monte de indagações aqui sobre esse episódio, afinal, somos tão capazes de fugir de um assunto que nos incomoda, jogando toda a carga para o outro.

É jogo...

O homem deseja mais a presença da mulher ou está com ciúmes dela por algum motivo e não expressa isso claramente. Daí, usa de outros argumentos para conseguir o que quer.

A necessidade de controlar, ser dono da energia sexual do outro, dizer inconscientemente, mais ou menos assim, como você ousa fazer e sentir tudo isso sem que eu tome a iniciativa?

Se eu confirmar que você está maravilhosa, vai comandar!

O que ela poderia fazer comigo se ela continuar gostosa desse jeito?

Melhor cortar as asas, falar coisas negativas contra ela.

Mulher com essa segurança toda vai me trair!

Se eu não conseguir satisfazê-la?

Ela não tem direito a isso!

Muitas outras vozes internas ligadas ao controle, medo, poder, percepção hostil sobre a mulher que aprecia o sexo, podem se manifestar quando se percebe o nível de envolvimento da companheira na relação.

Tanto controle impede de perceber que o fato de eles ejacularem durante a relação sexual não significa que eles sentiram orgasmos profundos, mas nem sempre é assim!

Existem níveis de satisfação sexual no homem, bem como de total insatisfação, mesmo quando ejacula.

A ejaculação não é sinônimo nem prova absoluta de satisfação sexual!

Está tão desconectado da sensação corporal que não percebe o envolvimento, apenas a ejaculação!

Mesmo quando mantém certa frequência de atividade sexual com resposta ejaculatória, não significa que ele esteja satisfeito sexualmente, ante a ausência da vivência de prazer orgástico profundo e pleno, principalmente quando se dissocia amor de sexo.

Muitos homens falam de si mesmos, só que jogam isso como se fosse da companheira, e vice-versa, e ela que, de repente, não está disposta perceber a sua sexualidade e enfrentar que pode ser trabalhoso assumir a própria vida sexual, projeta no homem tudo isso e cobra dele a postura de total responsável por sua satisfação sexual, o "dono" de seus orgasmos.

Insatisfação camuflada, geralmente, pelo comportamento de busca constante, e até demasiada, de relação sexual, em uma luta inconsciente para não admitir que está mais ou menos.

Nesse contexto, começaria a ver "problemas" na parceira, principalmente quando ela "tem" e "eu não tenho".

O ato sexual amoroso é envolvimento, se estiverem realmente envolvidos, o que um sente repassa-se ao outro, e o orgasmo fica intenso para os dois!

A desconexão com o emocional, coração, para vivenciar a felicidade relacional plena, de modo a unir o amor e o sexo como sentimentos simbióticos, faz o casal jogar contra.

Quando um começa a despertar para melhorias é possível que a pessoa, inconscientemente, não se ache merecedora de viver tudo isso e sabote.

Os jogadores separam amor e sexo!

Com isso, quando ele está com a mulher amada não se permite vivenciar a sexualidade de forma plena e satisfatória, porque ele não está inteiro, a energia está estagnada só na cabeça através do controle.

Assim, o sexo deverá ser praticado com alguém que tenha essas características, pois a pessoa amada é santificada, idolatrada e colocada no oratório, bem longe do sexo; afinal, a não ser um pecaminoso, um homem "de bem" nunca vai transar com uma santa.

Assim, o casal vive uma dualidade, divisão em que se respeitam, cuidam das crianças, viajam juntos, têm uma vida social intensa, são parceiros nos afazeres, mas não se envolvem sexualmente. Ao contrário, ou são envolvidos sexualmente, mas não se respeitam nem se valorizam, falam mal um do outro, criticam por criticar, xingam, brigam e, até ao extremo, espancam.

A prova de amor na relação adulta se dá por meio, principalmente, do envolvimento sexual e que chegou ao ápice porque na rotina eles se respeitam, cuidam um do outro.

Cultivam elogio sincero, carinho, amizade e muitas risadas...

Façam juntos as atividades de expressão corporal que consta neste livro! Vocês vão parar de jogar, para amar!

O AMOR CONTRA O JOGO

Quando perceber que está controlando o parceiro, questione-se!

O que está acontecendo comigo?

Como eu me sinto agora?

O que eu realmente quero dizer com isso?

Como eu me sinto ao ouvir isso?

O que isso significa para mim?

O que de bom isso traz para mim e para a relação?

O que esse homem significa para mim?

O que essa mulher significa para mim?

É realmente isso que eu desejo falar?

Como seria ouvir isso sobre mim?

Diga a si mesma:

Tudo o que eu faço, falo, ofereço e recebo é pelo amor!

Só o amor se aproxima de mim, sai de mim!

Vai criar energia positiva, atrair o amor para seu comportamento, tudo que se aproximar de você.

Utilizar tudo o que surgiu como aliado; fazer a escolha em que, se for brigar, que seja pela relação. Do contrário, vai virar briga de poder e o tal de eu tenho razão, eu estou certo, você é isso, você quem não gosta de sexo, prefere futebol a mim, você não consegue me levar ao clímax, frígida...

Quando as coisas começarem a pegar esse rumo, quem estiver interessado em, verdadeiramente, brigar pela relação, evoluir como companheiro, companheira, não vai dar continuidade ao problema. Pelo contrário, perguntará a si mesmo aquelas questões que coloquei logo acima, voltará para si mesmo em primeiro lugar e tomará o conflito como uma oportunidade para melhorar a relação. Sem o uso das velhas armas: "achar-se dona(o) da razão, da verdade"; "acreditar que existe parceira(o) ideal"; "acreditar que a(o) parceira(o) deve satisfazer os desejos"; "não observar como se sente"; "não se importar com o que o outro sente"; "brigar contra o outro e não pela relação"; "uso de argumentos para *ter* o poder".

Por isso que é muito bom relacionar, pela capacidade que ele tem de até curar as velhas feridas que não foram tratadas, a seu tempo, de quando ainda éramos crianças, principalmente, advindas da relação com nossos pais, pelo fato de elas aparecerem no ninho da relação, projetada no outro.

Estou em meu terceiro casamento, porque precisei curar minhas feridas para nos encontrarmos. Sou grata aos meus ex-companheiros pelo aprendizado, pois hoje posso ajudar as pessoas a não passarem pelo que passei.

Um cutuca a fragilidade do outro, o que leva a acreditar que é ele quem a está criando, mas, na verdade, ela já existia, está em nós, e o companheiro, com seu comportamento, que de alguma forma nos lembra algo de nossos pais.

São as feridas emocionas, às vezes se joga com elas!

Se o casal souber aproveitar o momento para essa finalidade, vai evoluir muito, ao passo que, se encarar como um defeito do outro, problema do outro e culpa do outro, a oportunidade vai embora, a relação vai continuar no patamar em que se encontrava ou pior.

Até que o problema volte de novo e, detalhe, com maior intensidade...

Em virtude de não conseguirmos trabalhar com nossas dificuldades emocionais, sentimentais, afetivas, psíquicas, e tantas outras, a válvula de escape é descarregar nossos problemas pessoais em quem está próximo.

Ao nos aceitarmos plenamente, cabeça, coração e pelve, apropriamo-nos de nossa sexualidade porque tomamos posse de nós mesmas!

Assim, nos tornamos plenas da energia sexual e a usamos de modo amoroso; por amarmo-nos, podemos usar o fluxo energético com nosso amor, família, carreira, amigos!

DESPEÇA-SE DO MACHISMO TODOS OS DIAS

Nós, mães, educadoras, precisamos repassar às nossas filhas quão maravilhoso é ser mulher, o quanto podemos ser felizes, simplesmente por sermos mulheres, vivenciarmos nossa sexualidade como a nossa personalidade.

O quanto se apropriar dessa energia poderosa contribui para boas escolhas, no amor, na carreira. Sejamos, sempre, exemplo vivo para elas, por ser o que mais ensina.

Às vezes, é difícil não atribuirmos tanto valor a uma fala masculina sobre nossa vida sexual, sobre como devemos ser, fazer, pensar, sobre nosso corpo.

Somos, na maioria das vezes, inseguras. Buscamos um monte de coisas, fazemos outros tantos para não nos enxergarmos.

Queremos ser vistas, mas não nos enxergamos!

Sentir, e não nos sentimos!

Ser amadas, mas não nos amamos!

Protegidas, mas nos violamos!

Respeitadas, mas nos desrespeitamos.

É necessário muita percepção de si mesma, foco na própria vida, investimento no autoconhecimento, nas questões internas, pois somos sempre alvo de julgamento, avaliação e classificação. Muitas das vezes por nós mesmas!

Transformarmo-nos, a partir do autoamor, muda a vida das pessoas à nossa volta, nossos filhos ganham com isso!

A concepção cultural de valorar a mulher por ter um homem ao seu lado é cabresto que ainda se impõe à mulher. E o pior é que muitas acreditam nisso, repassam isso às suas filhas e, assim, vai se reproduzindo uma crença limitante.

A importância de um companheiro deve se dar pelo fato de ambos terem se escolhido para caminharem juntos, em um dado momento ou por toda a vida. Deve representar uma escolha livre e prazerosa e não para confirmar, assegurar que se enquadram em alguns conceitos aceitáveis socialmente.

Há muita coisa para superar e enfrentar sermos *"dona da própria vida"*, a ponto de ter satisfação em toda a vida!

Estou nessa caminhada diária e constantemente, que não depende de ninguém nem precisa estar com alguém para não me sentir sozinha, apropriar-se de mim para não me tornar fardo para as pessoas.

Ser minha melhor companhia para também o ser para o outro.

Não sentir necessidade de TER alguém para ir ao cinema, restaurante, bar e outros locais, mas quando estiver com alguém é porque foi uma escolha pelo apreço da companhia, pois o fato de estar sozinha não é impeditivo ao ir e vir, em sair e curtir a vida.

Claro que os olhares vão pesar nas primeiras tentativas. Os questionamentos vão surgir. O medo do julgamento, o medo de se sentir sozinha, mas vá praticando e logo perceberá o quanto é bacana experimentar essa prática como algo prazeroso. Assim, quando estiver com alguém, será pela liberdade de escolha. Assim, a relação será muito mais prazerosa. Agora, cuidado para não se fixar em sempre estar sozinha, por ser a outra face da moeda – medo de envolvimento.

SIM, VOCÊ É TUDO ISSO!

- Capaz de viver as consequências das próprias escolhas, sejam elas solidão, medo, tristeza, dor, raiva, prazer, alegria, tesão, felicidade, sem deixar de ser quem é para estar com alguém, sem precisar escorar-se em alguém nem utilizar o outro como sua "muleta emocional".

- Para quem sinônimo de satisfação é o resultado de um todo que engloba desde o amanhecer até o "boa-noite" para dormir com a sensação de que valeu ter vivido mais um dia junto da pessoa escolhida.

- A que procura ajuda, quando sente que precisa, e consegue falar sobre seus "ais", tanto de dor quanto de prazer aos seus confiáveis amigos e amigas, ou mesmo no ambiente terapêutico, refletindo, rezando, chorando muito, morrendo e renascendo a cada dia, mas que não se submete a um "ser escolhida" sem também escolher.

- A que, quando está separada, sozinha, sem um companheiro ou companheira, significa continuar inteira, vivendo e aprendendo com o processo e, por mais que sinta o desejo sexual pela ausência da pessoa de quem se separou, tem a si mesma como companhia para as vivências sexuais; não "dependerá" de "arranjar" alguém correndo para "tapar" um vazio, pois é plena de si mesma. Caso precise ter alguém, assuma isso até não precisar mais.

- Com capacidade de sentir prazer e de reativar essa capacidade de sentir prazer quando dos adormecimentos da libido, da sobrecarga pelos afazeres; de priorizar o prazer como uma sensação que a faz sentir-se mais viva e satisfeita; de apropriar-se das sensações de desejo sexual e escolher o que fazer com isso; de curtir o parceiro e se sentir bem em proporcionar prazer a ele.

- A que tem as rédeas das sensações corporais por permitir que elas aconteçam, por senti-las sem julgamento ou culpa e, ainda, da escolha sobre o que fazer, ou não, com elas por se sentir única e exclusivamente responsável pela condução de suas escolhas.

- É a que prioriza e trabalha para ter cada vez mais saúde emocional, mental, física, afetiva, sexual, financeira, espiritual (e outras dimensões) e busca a comunicação harmônica entre elas.

- É a que está constantemente voltada para o autoconhecimento; está ligada em si mesma a ponto de, pelo menos uma vez ao dia, fazer uma pausa, olhar para si mesma e perguntar-se: Como estou me sentindo agora? Como eu estou agora? Qual é meu desejo neste momento? O que me faria sentir bem agora? Cadê meu tesão? Cadê meu desejo sexual?

É um exercício simples e com resultados que podem facilitar a aceitação do que se sente, a expressão das sensações e o domínio delas. Depois, na hora do amor, facilitará a entrega às sensações orgásticas.

Afinal, nós mulheres, adoramos ser cativadas durante o dia para, à noite, estarmos mais envolvidas no sexo, não é?

Então, quanto mais envolvidas estivermos com nós mesmas durante o dia, ouvindo-nos, sentindo-nos, cuidando de nós, mais nos entregaremos ao amor sexual, à noite (pode ser de manhã, à tarde ou qualquer horário, claro!).

Além desse exercício, procure nas comunicações com outras pessoas focar o diálogo no "como você está"?

Eu, em quase todos os e-mails que envio, primeiro faço essa pergunta, desejosa de que me digam como estão e não o que estão fazendo, mas a maioria diz que "está trabalhando muito"; "o pai vai fazer uma cirurgia"; "vai viajar"; "está de férias", etc. Conseguir ouvir e acolher a expressão de sentimentos dos outros é sinal de que faz isso consigo também.

Recompensas maravilhosas virão em todos os aspectos da vida, AMOR E CARREIRA construídos pela força da energia da sexualidade!

Desde uma maior satisfação consigo mesma, o que já é quase tudo, vivência familiar, com o companheiro/companheira, profissional, relacional como um todo.

Abre caminho para a limpeza das emoções represadas, abrirá para sentir tudo em profundidade, e o prazer sexual será uma experiência tranquila, natural e esperada.

Pode desaguar de choro, mas terá a si mesma para consolo e não ruirá por estar alicerçada sobre os próprios pés. Não congelará de medo quando o tornado do orgasmo inundar seu corpo, por sentir-se inteira o suficiente para sentir todo o prazer que dele emana.

Você será o que já é, **dona de si mesma, completamente, integralmente, inteiramente, absolutamente, incondicionalmente, amorosamente, prazerosamente, confiantemente dona da própria vida. É só tomar posse disso!**

Sim, você é tudo isso!

Aproprie-se!

VIII – UNIÃO ENTRE AMOR E SEXO

Quanto mais estiver envolvida consigo mesma, mais e mais se envolverá e se comprometerá em fazer escolhas que lhe proporcionem mais satisfação.

As queixas de que os homens só querem sexo tem muito mais a ver com o que você pensa sobre o ato sexual do que com eles.

Porque é você quem os atrai, por conta de seu pensamento negativo sobre si mesma.

O ato sexual sem afeto é autoabuso.

Só a união entre amor e sexo significa você se amar na integralidade, não separar sua pele de seu coração e cabeça, aceitar que isso é você, sua sexualidade, poderá mudar os tipos de homens com os quais se relaciona.

Escolher viver o prazer como uma experiência de união com o corpo, através do autoamor. Da declaração de que realmente se ama!

O que falo não é masturbação, porque você irá se ligar a todo o seu corpo, tocar cada parte, concentrar-se demoradamente em sua pele, vagina, com carícias no movimento da respiração.

Sempre achei esse termo "masturbação" pouco para dizer "eu te amo" ao meu próprio corpo.

Eu sentia que faltava algo mais amoroso.

Embora o utilizasse no livro *Boa de Cama* continuei a busca por uma expressão que comportasse todo o ato de me amar.

Cheguei ao "autoamor", ao "fazer amor comigo", pronto, é isso!

A forma como descobri esse termo, eu a revelarei no próximo livro sobre espiritualidade.

Foi lindo!

Deus quem me deu mais uma vez essa resposta!

Sou grata!

Mas, voltemos...

Cuida dos cabelos, malha com vigor, pratica yoga, estuda francês, faz massagem corporal, aprende *pole dance* e técnicas vaginais...

Mas não acaricia amorosamente o corpo todo, principalmente sua vagina.

✓ Isso é se amar pela metade.

✓ Atrairá parceiros para fazerem o mesmo, amá-la pela metade!

Mas você merece:

Sentir o orgasmo consigo mesma!

Sentir o prazer de ser quem você é!

Sentir a liberdade de não depender de ninguém para lhe dar prazer.

Sentir-se inteira consigo mesma!

SOMENTE ESSA UNIÃO LHE PROPORCIONARÁ AMAR E SER AMADA NA INTEGRALIDADE.

Ao se amar tão profundamente, atrairá pessoas para amá-la e respeitar, tal como você se faz.

Como você deseja que seu parceiro lhe pegue para amar, pegue a si mesma para se amar!

Esse envolvimento depende de que você faça amor consigo!

Acaricie todo o corpo, percorra as mãos bem suavemente, no ritmo da respiração, sinta a delícia de tocar em si até a região pélvica interna e externamente. Quando conseguir se amar através desse gesto, que não é masturbação, não sentir culpa nem vergonha, apenas amor por si, VOCÊ ESTARÁ INTEGRADA COM A ENERGIA VITAL, SEXUALIDADE! Um pouquinho do segredo...

Daí em diante, sua energia estará integrada pela força do amor, e tudo que fizer será expressão do amor, só o amor se aproximará de você, irá atrair a energia que tem amor. Assim, você fará amor, não somente sexo, e carreira, amizades, dinheiro serão santificados!

A respiração mais profunda vai acessar muitas coisas ocultas pela respiração superficial e pelo "fazer", "estar sempre ocupado". Persista e respire!

Envolver-se consigo mesmo, sentindo o corpo e as sensações que dele emanam e trabalhando para que a respiração seja, dia a dia, mais profunda, proporciona vida com mais prazer.

Talvez o receio de sentir tristeza, raiva, ódio e mesmo o medo das sensações sexuais fazem com que a pessoa limite sua respiração; essa limitação promove uma resposta orgástica apenas localizada na área genital.

O sexo como uma experiência de diversão não proporciona a experiência de um orgasmo profundo, pleno.

A escolha, o comprometimento dia após dia, trabalhar a si mesmo em todas as áreas, pessoal, familiar, profissional, social, permitindo-se estar inteiro em cada contexto...

Sentindo, expressando, liberando, apropriando-se do que sente e fazendo uso de forma favorável a si mesmo e aos outros terá, como consequência, na hora do envolvimento sexual, estar inteiro, entregar-se totalmente às sensações orgásticas em que todo o corpo participa, convulsa de prazer que ilumina e cura a alma.

Fazer amor comigo mesma me ajudou a curar minhas feridas!

Foi uma jornada até eu conseguir fazer amor, pois fazer sexo, separando-o do amor, é tão mais fácil e comum.

Porém raso!

Somente quando ocorre a identificação amorosa com uma atividade sexual é possível fluir livre e espontaneamente o prazer.

Só se identifica quem se entrega, quem se entrega se identifica, só se entrega quem está envolvido e só se envolve quem está, em primeiro lugar, envolvido consigo mesmo, e só se envolve consigo mesmo quem não foge das sensações corporais, está integrado, inteiro, cabeça, coração e pelve.

Ao se chegar a esse nível existencial, o prazer, que é puro fluxo de sentimento, será acolhido e vivenciado de forma profunda e fluida. Logo, no orgasmo, ele se permitirá ser conduzido a uma experiência de êxtase total.

Se no ato sexual não ocorre identificação com a atividade, mas se identifica com o aspecto ligado à diversão, a um resultado, à satisfação do ego, sem sentimento de entrega e acolhimento, não irradia nem flui orgasmo pleno.

Caso a opção for para satisfação do ego, o máximo que obterá é uma sensação fraca na região pélvica. Pode até ter gozado, ejaculado, mas não vivenciou o prazer em uma dimensão do corpo em sua totalidade, tão somente uma descarga elétrica localizada na região genital.

O envolvimento corporal é muito grande, profundo, enquanto o que vai se divertir com o sexo terá uma reação localizada como uma ejaculação no homem e uma descarga elétrica vulvar ou vaginal na mulher.

Orgasmo, para Reich,[2] citado por Alexander Lowen, é

> [...] como uma convulsão corporal total, vivida como extremamente agradável e satisfatória. Sua função é descarregar toda a excitação excedente ou energia, no orgasmo. Essa descarga deixa a pessoa em estado de completo relaxa-

---

2. Nasceu em 24 de março de 1896, em Dobrzanica, uma pequena aldeia do distrito de Peremyshliany, no noroeste da Ucrânia (na época o território pertencia ao Império Austro-Húngaro), no seio de uma família abastada de proprietários judeus germanizados. Era filho de Leon e Cecilie Reich. Pouco depois, a família mudou-se para o sul, para a região da Bukovina, onde o pai foi gerir uma grande fazenda em Jujinetz. O jovem Reich foi educado estritamente segundo a cultura alemã, e os pais mantiveram-no sempre afastado da população judaica de cultura iídiche. Até os 13 anos, teve sempre professores particulares e depois estudaria no liceu de Czernowitz.

mento e paz. Reich denominava a capacidade para uma tal descarga de "potência orgástica", equacionando-a à saúde emocional (*Medo da Vida*, p. 87).

Os homens que "passaram a mão" em mim não tinham saúde emocional. Eles eram adoecidos em sua sexualidade.

Portanto, tudo que eles fizessem teria a essência de sua doença.

Com certeza não tinham capacidade de se envolver satisfatoriamente com mulheres adultas.

Eram impotentes com elas porque não eram adultos integrados em sua expressão de vida.

Precisavam de alguém para usar. E escolheram uma criança. Por isso, destaco a importância de que o casal seja sincero, reconecte-se com sua sexualidade, seja fonte de saúde para sua família.

A atividade sexual tem um forte efeito sobre o coração, segundo algumas pesquisas científicas, e aponta para o fato de "não conseguir atingir o clímax ou não experimentar a satisfação emocional com o sexo são experiências capazes de exercer um efeito deletério sobre o coração".

É uma encruzilhada, a desconexão da energia vital, sexual, ou seja, sexualidade desintegrada faz a pessoa separar amor de sexo. Essa separação desliga o coração do ato sexual. Ao fazer isso ela bloqueia o prazer orgástico profundo e pode adoecer seu coração!

> "A importância da sexualidade saudável na prevenção de ataques cardíacos, na medida em que mantém o tórax descontraído e em que permite uma descarga natural para a tensão que se acumula no peito, em virtude de uma existência competitiva. Sendo o orgasmo um verdadeiro renascimento, ou, em um nível mais literal, um rejuvenescimento, pois não só os músculos se suavizam e relaxam, como essa descontração atinge os tecidos mais profundos do corpo, incluindo as artérias.

> Um orgasmo completo deixa o corpo realizado e satisfeito, calmo e contente, é um movimento convulsivo em que a pelve

balança, involuntariamente, para a frente e para trás ao ritmo da respiração (*Amor, Sexo e Seu Coração,* p. 55).

Para que uma entrega desse nível ocorra é fundamental a conexão consigo mesmo, FAZER AMOR CONSIGO. NÃO se trata de masturbação!

Mais um pouco do segredo...

- Dizer eu me amo através do acolhimento ao corpo na integralidade é fazer amor consigo.
- Deliciar-se em ser quem você é!
- Sentir-se à vontade com seu próprio corpo, dizer isso através de movimentos suaves da cabeça, coração, pelve, até os pés.
- Enquanto a masturbação é apenas focar no prazer localizado na vagina, é mais ou menos como muitos ainda buscam a mulher para se envolver apenas com seu órgão genital.
- Ao fazer amor consigo, só o que estiver alinhado ao amor se aproximará de você. E o que for do amor sairá de você. Desejará você por inteiro e não somente sua vagina.
- Então, seu relacionamento pessoal e profissional será o resultado do que você acredita, sente e faz, AMOR!

QUANDO SE UNE, MONOGAMIA. QUANDO SE SEPARA, BIGAMIA

O nível de envolvimento entre o casal vai direcionar a resposta orgástica, a importância de os casais buscarem, trabalharem a sexualidade, ocuparem-se com essa faceta da relação, pois o prazer pode ser aprimorado e aprofundado.

Sem envolvimento, não existe entrega; e sem entrega, não será possível um orgasmo profundo.

Não há conexão profunda entre um casal que inclui terceira pessoa na relação.

Existe a relação triangular pactuada entre os três ou na forma de traição.

Na pactuada, os envolvidos, em comum acordo, partilham a relação entre os três.

Na traição, não existe esse comum acordo, mas enganação.

Quanto mais integrada a pessoa estiver, mais verdadeira ela será! E atrairá pessoas que vivenciam a mesma verdade que ela.

Relação triangular no modo traição é mais a maneira de dizer que se está dividido, liga o coração para amar, desliga para transar.

Liga a pelve para transar, desliga o coração para amar.

Sente a necessidade de "ter" mais alguém na relação, ou não se sente merecedora do amor na integrabilidade.

Tem muito de machismo nesses históricos, porque o jugo do homem sobre a mulher usou o cabresto na sexualidade, na expressão do ato sexual.

Ainda hoje predomina a crença dessa separação amor e sexo, mulher para casar, mulher para transar. Mulher para amar, mulher para fazer sexo.

Essa visão cindida, de separação, "obriga" uma das partes a buscar aquilo que "não tem em casa".

Nessa concepção machista o amor está em casa, o sexo na rua!

Os dois separados, amor do sexo, vice-versa, daria o direito de buscar complementos, pactuado ou através da traição.

Quanto menos se ama através do autoamor, mais buscará em alguém a tentativa de ser amado. Viverá sempre no nível de insatisfação até perceber que não se trata de buscar fora, mas dentro de si mesmo.

Usam os mais variados argumentos, "sou quente", "adoro mulher", "um homem é pouco para mim"...

Na autoposse de si através da expressão do amor sexual, a necessidade se transforma em desejo de viver a sexualidade, energia vital, fluxo prazeroso da vida.

O homem que se relaciona com duas mulheres ao mesmo tempo tem em uma a figura materna, carinho, ternura, amor; e na outra a figura da prostituta, agressão, uso, abuso, sujo.

A mulher que está nesse tipo de envolvimento tem em um a figura paterna, amor, proteção; e no amante, "só sexo". Daí, a pessoa busca em cada uma das metades a satisfação que não consegue sentir integralmente com uma só.

O amor não mente, pois ele é a verdade!

É só ilusão, relação de abuso, dizer que ama uma, faz "só sexo" com a outra.

Amar alguém como companheiro, companheira é dizer "eu te amo" através do ato sexual.

Quem está dividido não pode amar, pois amar é estar inteiro, não existe amor pela metade.

Dizer que "faz só sexo" é desvalorizar a forma mais profunda de contato com o outro.

Sexo jamais vai ser "só sexo", porque ele é ato de amor.

Entrar intimamente dentro de uma pessoa só tem sentido se levar o amor para ela, de ela receber!

Sem isso, mais e mais aumentará a insatisfação!

A questão da monogamia fora da perspectiva de certo ou errado, pois isso muito já foi feito, basta analisar historicamente, e, mesmo hoje, esse fato, que ainda está previsto na legislação penal brasileira como tipo penal (crime) que prevê para o "delinquente" que, sendo casado, contrai novo casamento, e o "comparsa" (o que se casa com o casado sabendo que o é), mesmo solteiro, responde pelo crime de bigamia. Não é julgamento, mas defesa do amor!

Então, é possível perceber, desse simples exemplo, o código penal é da década de 1940, e reflete "o olhar preocupante" do Estado sobre a bigamia, bem como a forma de tentar inibi-la.

A "bigamia prática" em que ocorre envolvimento com outra pessoa estando casado, mas sem passar pelo crivo documental, não deixa de ser bigamia em termos de envolvimento simultâneo com duas pessoas.

O olhar não deve se dar na forma de sanção, julgamento, mas em sede de o quanto de satisfação, plenitude e envolvimento essa relação proporciona.

O quanto de saúde emocional, afetiva, sexual têm os envolvidos e, se têm filhos, quais as mensagens estão sendo repassadas a eles.

O termo "bigamia" é muito forte e já traz em si uma carga punitiva social grande. Não é com esse juízo de valor social que eu me ocupo, mas com o quanto isso possa interferir negativamente numa relação que pretenda se tornar profunda.

Não diz respeito a certo ou errado, pode não pode, bonito-feio, traidor-traidora, mas a escolha de uma pessoa adulta que estaria disposta a vivenciar um relacionamento grandiosamente prazeroso, de entrega, envolvimento, de muita vitalidade, aprendizagem e ensinamentos aos filhos. Diz respeito a verdade. Qual é a verdade nessa história?

Muitas das vezes se busca esse recurso por ser, aparentemente, mais fácil, ou por acreditar que é o que se consegue experimentar no momento. Aqui, porém, neste livro, você verá outra opção alicerçada na unicidade entre amor e sexo.

Garanto ser muito mais prazerosa e libertadora!

A relação triangular, no modo traição, não proporciona maior envolvimento nem reflete o amor. Pois para amar seu homem ou sua mulher precisa da conexão com o sexo amoroso.

A distribuição do envolvimento com mais de uma pessoa ao mesmo tempo, em vez do foco com uma única pessoa, pode afastar o medo da carga prazerosa que o envolvimento profundo, entrega total, com uma única pessoa proporciona. Isso é por demais assustador! "Ai, que delícia! Eu não dou conta disso tudo!!! Isso é demais para mim!"

Daí a opção, de forma inconsciente em relação a esse medo, em vivenciar o envolvimento cindido, dividido, parcial, de forma pulverizada ante a incapacidade em sentir toda a carga de prazer concentrada e profunda que só uma relação a dois que une amor e sexo pode proporcionar.

Isso não deve ser usado como desculpa para continuar com quem a trai! Muito menos justificar por que não se separa de quem só quer viver relação coisificada, sem amor!

Nós mulheres temos a mania de explicar o comportamento do companheiro, quando não queremos tomar medidas a nosso favor.

"Ele tem outra porque tem problemas com sua sexualidade, por isso...."

"Eu sei que ele me ama e um dia ainda..."

Uma coisa é explicar sobre o comportamento de quem separa amor de sexo, vice-versa. Outra, é o que você faz com isso!

OPERAÇÃO ACORDA, ALICE!

✓ Não defenda quem não defende a relação.

✓ Ele só muda se ele quiser.

✓ Veja o momento atual, sem criar expectativas de mudança, para se decidir por você.

Existem pessoas cujos libidos, tesão, excitação ficam fortes quando veem, sabem ou pensam na possibilidade de o parceiro transar com outro, tanto que alguns casais contratam profissionais do sexo para transar com um enquanto o outro observa.

Não julgo essa atitude; como venho afirmando, trata-se de escolhas e, como toda escolha, ela tem suas consequências.

O porquê disso? Se não estiver incomodando os envolvidos; nem causando sofrimento, não vejo problema em que eles continuem. E na vida tudo serve como aprendizado e pode enriquecer os envolvidos, dependendo da forma como eles processam essas experiências.

Agora, é importante procurar sentir todo o processo para afastar o autoabuso e o abuso do outro, a coisificação do humano, do afeto, ingredientes que afastam o prazer e o crescimento.

Ver "a pessoa amada" fazendo sexo com outro é mais ou menos dizer "eu não mereço ser amado sexualmente". Veja se faz sentido para você.

Quero só seu coração, porque sua pelve é do mal, então melhor que outro use. O que acha disso?

E, ainda, pelas experiências da infância nas questões do conflito edipiano, é bem possível que, por um bom tempo, seja necessário levar para a cama outras pessoas, seja através de fantasias ou de verdade mesmo, para alimentar a libido.

Olhar nos olhos durante o ato sexual, respirar profunda e lentamente, mover a pelve suavemente pode ser intenso demais para quem ainda não se ama, nem se sente!

Cada um vive o que consegue viver!

Mas todos podem escolher viver algo que ainda não se consegue! E conseguirá!

FANTASIA SEXUAL

As fantasias sexuais entre o casal são maneiras adultas de brincar!

Entretanto, se só se consegue sentir prazer com elas, aí tem problema. Mas, se elas brotam espontaneamente, sem a ligação com a necessidade, obrigatoriedade, "só desse jeito", para sentir prazer, é mais um distanciamento da capacidade de sentir.

Isso não é certo nem errado. Mas se questiona sob a ótica do amor.

Se apenas flui de maneira gostosa, e o casal vai criando através da imaginação solta e tirando proveito prazeroso de tudo, é uma excelente forma de aprofundar e cultivar o prazer na relação.

É muito difícil, em nossa cultura, alguém sentir prazer a dois sem a fantasia sexual.

Principalmente imaginando-se fazendo sexo com profissionais do sexo. Isso é bem o exemplo da separação entre amor e sexo.

Puxar os cabelos, chamar a mulher daquele nome...

Fantasiar é diferente de realizar.

É imaginar que...

Caso faça o que imaginou fazer, não é mais fantasia.

Ela fica só no imaginário, palavras...

A fantasia ajuda no pré-aquecimento, mas se sempre precisa dela para isso, não é liberdade.

Quando o casal se ama, e o sexo é a expressão do amor que um sente pelo outro, a comunicação entre eles fica no nível do "tudo é possível", pois o direcionamento, o norte da relação é a satisfação de ambos.

Utilizam fantasia para se envolverem mais e não para não enxergar o outro ou afastar o nível de entrega na presença do outro, muito menos para fugir da carga que a relação sexual profunda pode proporcionar.

Não julgo quem esteja utilizando o sexo para escapar, divertir-se, "ver no que dá", mas, se a pessoa não buscar conscientizar-se nessa caminhada sobre o que ela está fazendo e por que está fazendo e como se sente com isso, possivelmente ficará nessa fase.

E há tanta vida lá fora...

Somente com base no que se vive é possível extrair aprendizado, compreensão, sensação, interpretação e reinterpretação de significados que podem proporcionar verdadeiras curas e abrir a oportunidade em se viver novas experiências.

Sem essa abertura, é possível ocorrerem repetições de vivências, mesmo com uma pessoa diferente, ou seja, repetir velhos padrões junto à pessoa em que se acreditava ser diferente, pela ausência do observar-se, sentir-se, expressar-se, apropriar-se, escolher.

A busca por conhecimento deve partir de nós mesmos e em nós mesmos. Recordo-me, eu, mulher adulta, era muito imatura, insegura em relação à minha sexualidade. Vivia o que me ensinaram, sem meu próprio referencial.

Não tinha sequer consciência de meu corpo, a ponto de, na segunda sessão terapêutica, a psicóloga me propôr um exercício de relaxamento e conexão com o corpo.

Ela me disse que eu não tinha consciência da existência de meu corpo. Se eu não tinha consciência (e não tinha mesmo) sobre a presença de meu corpo, eu não o sentia, eu não fazia contato com meus sentimentos.

Por que eu não fazia esse contato e não tinha essa consciência em relação ao meu corpo e aos meus sentimentos? Uma das respostas estava na questão do abuso sexual.

Sem sentir eu não tocaria na ferida, mas sem tocar na ferida ela permaneceria em mim como ferida e para sempre.

Foi uma escolha minha mexer com ela!

Porque tudo o que se reprime, comprime e nega vai se acumulando e um dia estoura.

A restrição ao prazer sexual, consciente ou inconscientemente, tem a carga do medo da vida, medo de nossas sensações, medo da libido, medo do desejo sexual, medo de nos sentirmos vivos, medo de nos sentirmos livres, medo de nos sentirmos donos de nossas vidas.

É a energia vital reduzida, sexualidade limitada!

Vive-se a vida no campo da vergonha, culpa, medo, logo o ato sexual será o resultado desses cabrestos.

Ou faz sexo teatral, com máximo de escândalo e irreverência como prova de sua "liberdade". Assim, o vulgariza, ironiza, extrapola-se, por meio da nudez, para depois sentir desprezo pela questão sexual, o que é aprisionador.

Ainda precisamos de um pai, uma mãe, um chefe, sacerdote, pastor, líder, guia para nos conduzir, nos "orientar" em nossa sexualidade.

Ainda precisamos atribuir a alguém, marido, mulher, namorada, amante, caso, enfim, a responsabilidade por nosso prazer e, o que é pior, não acreditamos ser merecedores da vivência de tanto prazer.

Ainda precisamos estar divididos e projetar isso no amor e sexo.

Cravamos em nosso companheiro o olhar sexual ou só do amor, quando o tratamos muito bem no dia a dia, nas correrias da vida, para então, à noite, não nos entregarmos ao amor sexual, por concebê-lo como totalmente incompatível.

Ou, vivenciamos uma fusão até satisfatória na cama, mas no cotidiano hostilizamos, aviltamos, ignoramos, maltratamos e até espancamos, por não conseguir unir a sensação prazerosa sexual que brota da pelve ao afeto que sai do coração.

É triste! Pois isso confunde o casal e faz da relação algo mais ou menos infernal, às vezes, e os filhos crescem nessa perspectiva paradoxal, confusa e até doentia. Quando não se chega ao extremo de abusar sexualmente deles e usá-los para satisfação das próprias necessidades, criando uma geração de sofrimento e repetições doentias.

Às vezes, caímos em um esquema de angústia, tristeza ou mesmo depressão, "sem saber de onde vem", e somos capazes de aceitar isso.

Mas, se nosso corpo grita por prazer, mais fluxo de energia, para viver satisfatoriamente, lamentavelmente não o ouvimos, pois, para muitos, é mais fácil aceitar até mesmo enfermidades e se envolver com elas do que as sensações prazerosas que o corpo pode proporcionar.

Não que se deva ignorar a dor, o sofrimento, mas da mesma forma que se acolha o prazer, muitas vezes usamos a dor para justificar por que não se busca o prazer.

Esconde-se atrás das doenças emocionais, físicas, menopausa, andropausa para dizer sobre a ausência de prazer na vida, não fazer nada para descrer disso tudo.

Quem não foi educado para o prazer é bem possível que esteja diante de um contexto em que é de muita sensação prazerosa, mas, como não foi condicionado a isso, provavelmente, por serem aquelas (dor, sofrimento, tristeza) sensações mais fáceis de se lidar, por serem mais conhecidas e nos manterão em uma "zona de conforto", não fazemos uso delas, as ignoramos.

Quem não foi preparado para vivenciar os prazeres da vida, mas, sim, para negá-los ou mesmo concebê-los como algo "do mal", vai enfrentar grandes dificuldades em reconhecê-los, aceitá-los e depois usufruir e, a cada vez, melhorá-los.

Fique atento! Viver o cotidiano e a intimidade de forma satisfatória é sinônimo de saúde familiar e, na relação, a responsabilidade é do casal.

Procure observar se existe a necessidade de fugir do momento de intimidade, utilizando-se de certas explicações ou se colocando no aspecto coisificante, quando, na verdade, seria melhor dizer sobre o que realmente está acontecendo.

Às vezes estamos com desejo de fazer amor, porém indispostas!

Dizer não, quando se deseja dizer não, é amor!

Ninguém precisa ficar à disposição de ninguém, isso é papel de coisa, não de gente, ou de mãe, em relação ao bebê, à criança, por esta depender dos cuidados maternos e exigir essa disposição, mas fugir do contato sexual afasta a possibilidade de aprofundar-se na relação.

Cultive a intimidade com você, assim você estará acesa pelo fluxo da energia da sexualidade, e quando do abraço sexual com seu parceiro tudo fluirá.

FAÇO AMOR COMIGO – Um pouco do segredo

Há algo mais sensível, simples, prazeroso, amoroso depois da fantasia sexual! É só você se permitir experimentar!

A fantasia sexual é limitada, enquanto a entrega ao próprio corpo, autoamor, você terá sempre, entende?

Desculpe-me se a decepcionei, mas a fantasia sexual ainda é um escudo à entrega profunda.

Eu a vivenciei por muitos anos, me ajudou bastante até eu conseguir me amar, autoexcitar através do fazer amor comigo.

Podem pensar "credo aonde está essa tal entrega profunda?", rsrs.

Calma! Agora que eu estou fazendo estágio para a entrega profunda, rsrs.

Passei pela fantasia sexual, nadei por ela durante longos anos.

Foi muito válido, aprendi a tocar meu corpo através da masturbação. Logo, não condeno quem se masturba, só que existe algo além dela...

Foi longo meu processo!

Muitas mulheres me disseram que sou "bem resolvida" com minha sexualidade por causa de minha educação, só que não!

Meus pais nunca conversaram comigo sobre prazer, sexo...

Somos quatro mulheres, três do primeiro casamento de meu pai.

E a forma de eles dizerem sobre o assunto era nos proibindo de namorar antes dos 18 anos, sair de casa para voltar até as dez da noite, exigir que casássemos virgens.

Detalhe, os três irmãos homens podiam tudo, chegar de madrugada, "pegar todas", perder a virgindade...

Ficava intrigada porque, ao final das contas, eles iriam se encontrar com mulheres, então que tipo de mulheres seriam?

É a base da "educação" machista, separa amor de sexo, isso está na maioria das casas.

Meus pais foram frutos da crença dos pais deles e sucessivamente os pais dos outros pais...

Podemos romper com isso!

Agradecer pelo que nos foi dado, ficar apenas com o que faz sentido para nós, e o amor é o único que dá sentido às nossas escolhas.

Minha história comprova que todas podemos despertar, criar relacionamento onde o amor é integralmente amor.

Em meu currículo teve abuso sexual na infância, assédio e perseguição na adolescência, educação machista...

Eu me lembro de um homem nojento me seguir pelas ruas de minha cidade, quando eu era mocinha.

Ele era casado, tinha filhos, família, mas seu comportamento era de alguém que não respeitava a própria escolha.

Sofri horrores, com medo e vergonha!

E se meu pai pensasse que a culpa era minha?

Meu short, minhas pernas grossas, meu glúteo avantajado seriam os responsáveis.

Passei a usar camisões para esconder meu corpo!

É sempre assim, nós mulheres jogamos a culpa em nós!

Como se tivéssemos a marca da atração para o abuso, perseguição...

Em essência, eu tinha a marca do abuso, para resolver eu atraía inconscientemente pessoas para reforçar minha "natureza" de vítima. E me ajudar a deixar de ser vítima. Dei cem passos adiante...

Enfim, contei a meu pai!

Ele resolveu a questão, enfrentou-o somente com palavras. Foi o suficiente! Foi meu guardião!

Caso sua filha ou parente sofra esse tipo de assédio, fique ao lado dela!

É muito difícil falar sobre isso para uma adolescente.

Muitos desses tipos estão por aí perseguindo meninas, abusando delas, de suas esposas, filhos, família.

A sexualidade equilibrada, saudável, faz a pessoa se relacionar com a vida de maneira positiva, construtiva.

Se ele integrasse amor ao sexo e vice-versa não perseguiria ninguém, nem mentiria a quem quer que seja.

Mas tudo em minha vida é para viver a missão que Deus me deu, escrever e falar para o mundo sobre amor.

Transformar tantas dores em maravilhas, partilhá-las com vocês, porque coisas maravilhosas podem ser antecipadas e reveladas através da escrita.

Portanto, vocês podem até pular a fantasia sexual, ir direto ao assunto, rsrs.

Fazer amor consigo mesma, reconhecer, acolher e amar quem você é, entregar-se ao abraço sexual, receber o outro através do sexo amoroso.

EU ME AMO!

Isso é verdade?

Vamos ao teste!

Você já fez amor com você?

Como se sentiu?

Quais os pensamentos vieram?

Não é se masturbar, nem se refere a masturbação, mas de dizer "eu te amo" através de toques suaves, amorosos por todo o corpo, concentrá-los em sua vulva e vagina.

Disse que a maneira mais profunda de o casal dizer "eu te amo" é através do ato sexual amoroso.

Portanto, a maneira mais profunda de você dizer "eu me amo" é através do autoamor.

Se você não consegue se amar dessa forma, como será amar o outro dessa forma, ser amada dessa forma?

Quanto mais se envolver com você, menos precisará de outros para se envolver.

Tudo ficará mais sensorial e intenso para você e seu companheiro, companheira.

COMO SABER SE EU ME AMO?

Faz amor consigo?

Não se julga?

Não se pune?

Não sente vergonha de seu corpo?

Pensa sempre positivo sobre você?

Apoia, consola a si mesma quando erra?

Eu sempre precisava de alguém para dizer se estava bonita, bem vestida, inteligente...

Sabe por que sei que era assim?

Quando não diziam nada disso eu me entristecia, logo eu necessitava de aprovação.

Quem necessita de aprovação é porque não se aprova, portanto não se ama!

Tudo bem que eu tinha motivo de sobras para não me amar, toda criança abusada sexualmente interpreta isso como "isso aconteceu porque sou ruim, não valho nada!"

Aprendemos desde crianças: se formos bonzinhos, só coisas boas acontecem. Se formos maus, seremos punidos. Em minha cabeça, fui punida com abuso sexual. Porque eu era má!

Tinha longa jornada para virar esse jogo!

Estou virando ele até hoje, rsrs.

Agora, neste livro consigo dizer sobre isso a outras pessoas, fora da terapia.

Meu marido já sabia, contei às minhas filhas ao terminar este livro.

Eu era mal-amada por mim mesma, literalmente!

Como poderia sentir o amor de alguém?

Lembro-me de um workshop existencial, em uma dinâmica em que o palestrante pedia para nos prepararmos para um grande encontro. Maravilhoso e com a melhor pessoa do mundo.

A única pessoa capaz de nos amar por toda a vida, independentemente do que fizéssemos.

OLHE, agora, NO ESPELHO E VOCÊ VERÁ...

A PESSOA MAIS LINDA, QUE VOCÊ MAIS AMA, QUE MAIS A AMA...

VI-ME NO ESPELHO E FIQUEI DECEPCIONADA!

Sempre precisava de alguém fora de mim para confirmar que eu estava apaixonada.

Mas estava apaixonada por mim; como não imaginava isso ser possível, projetava no outro. Jamais em mim!

VEJA-SE NO ESPELHO:

O que eu sinto ao me dizer isso?

Quando comecei a fazer essa experiência, além de achar ridículo, sentia vontade de bater no meu rosto.

Eu me estapeei algumas vezes!

Vinha raiva de mim, em vez de afeto.

Tinha muita ligação com o abuso na infância, eu me culpava por ter sido abusada. Sentia raiva de meu corpo.

Eu o condenava por ter atraído a atenção daqueles homens.

Essa atividade é simples e profunda. Entregue-se a ela com seu coração, enquanto sua cabeça vai aceitando se amar.

Tornar seus pensamentos e ideias, sobre você, uma mensagem de amor.

O QUE FAZER QUANDO O RELACIONAMENTO ESFRIA

Se você está quente, seu relacionamento não fica frio!

A questão do esfriar sexualmente na relação, no envolvimento que já conta com alguns anos de convivência, vira e mexe é alvo de pesquisas, estudos, debates, publicações e comentários.

Não se iluda, mais cedo ou mais tarde isso vai acontecer!

Importante é reconhecer como algo normal, afinal, a excitação inicial tende a diminuir. No entanto, é possível ressignificar a euforia do começo da relação, aquele tesão compulsivo e imediato em algo também prazeroso.

Claro, o tesão compulsivo imediato é muito bom, mas é fogo passageiro que acende boas brasas para o passar dos anos juntos...

Afinal, o que estaria por trás desse esfriamento?
Como reverter de forma favorável à relação os tais desgastes, costumes, tantos anos de convivência, mesmice, rotina?

Daí vêm as justificativas:

✓ Casamento esfria qualquer relacionamento.

✓ Nascimento de filhos.

✓ Excesso de trabalho.

✓ Estudar para concurso público – essa era minha justificativa favorita, rsrs.

✓ Prioridade "futebol" – nós jogando a bola contra eles.

✓ Prioridade "compras" – eles jogando a bola contra nós.

✓ Vergonha do próprio corpo.

✓ Falta da sensação orgástica – não sente o orgasmo.

✓ Chega, chega de desculpas, ops, justificativas...

O que estaria por trás dessas justificativas externas para não fazer, ou quase não fazer, sexo no relacionamento?

Tudo está ligado à escolha que se faz em relação a si mesmo e ao relacionamento!

Se a escolha for de, a cada conflito, esfriamento, voltar para si em primeiro lugar e ver o que está acontecendo consigo, antes de julgar o outro e o relacionamento, rotulá-lo, já é um passo para a melhora na relação.

Por que esfriou?

Para que esfriar?

Quem é responsável pelo esfriar?

Sexo é a expressão do amor no relacionamento, ao deixar de fazer amor é por que o amor por si mesmo não vai muito bem.

Agora, por que o amor-próprio não vai muito bem?

Desapegar-se de ilusões que corroem o relacionamento, tais como, "todo mundo vive ardendo de desejo sexual o tempo todo".

Não se esconder atrás das justificativas!

Porque desafios vêm e vão, nesse trajeto, a sinceridade consigo e com o outro afasta as armadilhas usadas para sabotar o amor.

Sobrecarga de trabalho diminui o fluxo dessa energia.

Desconexão com ela gera desequilíbrio.

Quase sempre existem informações ocultas até para quem se justifica, o que gera desconfianças, distanciamento.

Assim, haverá momentos de elevação do prazer através do ato sexual, outros de diversas formas de acolhimento amoroso, sem fazer amor.

A sexualidade é a energia vital, é o que somos, nossa forma de expressão no mundo. Essa energia é canalizada, distribuída, usada em nossas manifestações, conosco, com os outros.

É a fonte de onde sai a energia para amar, ser amada, trabalhar, se relacionar.

Quanto mais energia vital – sexualidade – se tem, de forma integrada, mais forte será sua manifestação, seja no amor, na carreira, na vida!

Portanto, se essa energia está fraca, sua manifestação também será fraca. Virá o desânimo, apatia, cansaço...

Caso se tenha muita energia, mas em desequilíbrio, a pessoa se excederá em uma área, dispara a comer, se enfraquecerá em outra, na libido, por exemplo.

Raramente conseguimos ter fluxo energético intenso e com equilíbrio.

Essa oscilação reflete em nossas relações.

Saber sobre isso diminui as cobranças e comparações, abre espaço para aumentar o fluxo com equilíbrio.

MAIS UM POUCO DO SEGREDO

Adivinhe qual é o caminho para esquentar a si mesma, o relacionamento e a vida?

1. Faça amor consigo:

Não é se masturbar, porque masturbação é somente tocar o órgão genital, enquanto fazer amor com você mesma é dizer o quanto se ama, através de toques suaves, no ritmo da respiração, sentindo cada parte externa e interna de todo o corpo, até o órgão sexual.

2. Não se julgue:

Durante o envolvimento amoroso consigo, observe seus pensamentos, veja se algo julga sua expressão de autoamor. Caso perceba algo nesse sentido, simplesmente deixe que essa negatividade se vá.

Diga: Vá embora tudo que é contrário ao amor.

Não pare de se tocar, nem tente entender por que isso surgiu, apenas continue se amando.

Caso fique na tentativa de entender e justificar, você está em fase de julgamento contra si, por tentar convencer sua mente de que você está certa. Você já sente que está certa, não necessita justificar isso nem à sua mente.

3. Não se puna:

Vou comer uma caixa inteira de chocolate para depois ficar me martirizando sobre por que eu comi uma caixa inteira de chocolate...

A mesma boca que abocanha uma caixa inteira de chocolate é a que se fecha para não comer uma caixa inteira de chocolate. É só você escolher se quer abrir ou fechar.

4. Não sinta vergonha de seu corpo:

Como alguém pode ser livre para amar através do sexo se não aceita nem ama seu próprio corpo?

5. Pense sempre positivo sobre você:

Algo não deu certo, daí você começa o autoflagelo, depreciação, diminuição, falação interna contra si...

Ao fazer isso, você dá poder a algo fora de você, jamais conseguirá algo melhor, por não acreditar merecer algo melhor.

Sua cabeça é totalmente contrária a você.

Solução

Quer mudar isso? Pergunte a si mesma:

O que eu poderia ter feito melhor?

O que há melhor do que isso?

Como posso melhorar?

O que isso quer me ensinar?

6. Apoie, console a si mesmo quando erra:

Sua amiga se deu mal no trabalho, daí você faz jantar para ela, compra chocolate, pede para não comer a caixa inteira, super a acolhe...

Quando algo deu errado para você, o que você faz por você?

Tem de fazer mais do que fez para sua amiga. Lembre-se disso!

Faça o jantar, dê-se chocolate, flores e vinho na dose certa!

7. Respirações profundas

TODOS OS DIAS!

1. RESPIRAÇÃO:

✓ Respiração profunda = vida profunda = mais sensações = resposta orgástica plena, satisfatória.

✓ Inspire, leve o ar até abaixo do umbigo.

✓ Expire, solte bem devagar o ar.

✓ Faça 12 repetições pelo menos três vezes ao dia

✓ Respiração rasa = vida rasa = menos sensações = sem resposta orgástica ou resposta orgástica fraca.

Ao abraçar uma colega de trabalho, percebi que a respiração dela não descia o umbigo. Questionei como era o orgasmo dela. Assustada, respondeu que era raro e "legal". Respirem!

8. Faça as atividades de expressão corporal constantes neste livro

Nessa frequência de autoamor, nenhum relacionamento esfria, porque você estará sempre aquecida por seu próprio amor. Não haverá cobrança de que ele não esfrie, pois todo amor é fogo grande e pequeno, mas é fogo. Terá amor nas mais diversas manifestações, desde o orgasmo pleno, segurar as despesas do mês, ao abraço de boa-noite, optar por um filme ou simplesmente se beijarem antes de dormir.

História I
Eu mesma...

De repente, senti meu relacionamento morno, o que tanto temia bateu à minha porta. Pior, em minha cama...

Na época morávamos em casas separadas, não dormíamos juntos todas as noites, raros almoços e jantares em companhia um do outro, então, para mim era atestado de que o relacionamento pegaria fogo a vida toda. Ilusão!

Era uma fase de muitas mudanças em minha vida, no trabalho, projetos, correria, eu não estava olhando para o meu companheiro com a mesma disposição de outrora.

O relacionamento muda, muitos se assustam com essa mudança, pensam que esfriou, mas é apenas uma transformação.

Foi meu caso!

Estávamos em outro patamar na relação, eu queria mais profundidade e proximidade. Desejava morar junto, não conseguia ter clareza sobre isso, refletia essa questão na intimidade.

Outros preferem envolvimento extrarrelacional, acreditam que seja uma forma mais fácil e rápida de resolver a questão.

Mas será que isso resolve a questão? Daí, sempre que surgir essa coisa morna ou fria na relação, deve-se valer da mesma estratégia?

Parece que se adquire um ímã nessa fase de esfriamento que atrai os olhares das propostas e ofertas de esquentamento.

Ou será que é o olhar do desejo de esquentar de novo que as vê, em outros, na forma de propostas e ofertas para isso?

O esfriar, vez ou outra, deve ser encarado como algo natural, saudável, dentro da relação, afinal, estar com a mesma disposição todos os dias pode ser sinal de falta de contato com as sensações corporais, pois é normal se sentir cansado.

E querer que o relacionamento viva pegando fogo é mais idealização do envolvimento, isso afasta o contato.

Extraconjugal...

É obvio que a novidade tem um poder tremendo de despertar sensações. Um relacionamento novo é simplesmente o canal para noitadas de sexo e beijos na boca, só que, depois de certo tempo, vem o chamado costume, dormir todas as noites, trabalhar juntos, almoçar...

Dormir juntos todas as noites, trabalhar juntos, almoçar, jantar, fazer caminhada não deveriam ser prazerosos?

Parece até romântico! Essa rotina é o que dá liga à relação.

Fique sem isso e sentirá falta!

Ao vermos um casal de idosos fazendo isso, vamos dizer "que gracinha", "que amor", "que fofos", e vamos nos nutrir de uma sensação de que as coisas deram certo para a relação deles. A ideia é a de "eles se amam" a ponto de estarem sempre tão juntos.

Por que quando é dentro de nossa casa a coisa fica diferente?

Começa-se a enxergar isso como falta de privacidade?

Relação simbiótica? Sufoca a dois?

Novidade & intimidade

É necessário que a novidade seja algo fora de nós? Preciso sentir a adrenalina do primeiro encontro com outra pessoa? Fora do que vemos normalmente? Tem de ser algo nunca ou raramente visto? Você pode ver novidade em seu parceiro de longos anos, sentir-se estimulada a fazer amor não como da primeira vez, mas como uma nova vez.

Pare com esse negócio "como da primeira vez"!

Foi maravilhoso, delícia, mas passou. Ficar nessa idealização com o que já era impede a novidade do agora. Nesse momento você pode fazer algo que só no agora você pode fazer, entende?

O importante é ampliar o raio de visão, de percepção, de questionamento de sensação e fazer escolhas que vão ao encontro do prazer profundo e sem efeitos colaterais. Ao encontro do prazer que liberta, cura, dá paz e aumenta a vitalidade.

E o que era novidade vai deixando de ser, na medida em que se aproximam e mantêm certo nível de intimidade, mas intimidade, não é algo gostoso?

Na cama, quanto mais intimidade se tem com uma pessoa, maior será o nível de entrega e de satisfação orgástica, ao menos é como deveria ser. Ou será o contrário?

Esse negócio de se soltar na hora do sexo só com quem não se tem intimidade é a nítida separação entre amor e sexo. É fazer sexo sem colocar o coração no envolvimento.

- ✓ Como estar juntos e ainda preservar a própria intimidade?
- ✓ Como se sentir livre, mesmo estando na companhia de outrem e sempre sob o olhar do outro?
- ✓ Como manter ou criar algo de novo em si a cada dia? E despertar no outro o desejo por descobrir algo novo em mim e vice-versa?

Talvez não exista proximidade, mas pelo simples fato de estarem juntos disfarçam a distância interna de um em relação ao outro.

Ou, ao se perceberem tão juntos e tão íntimos, isso se torna algo demais para eles, portanto dão um jeito de se distanciarem internamente.

Portanto, de agora em diante você vai construir verdadeiramente a intimidade. Não um disfarce de intimidade, nem sabotagem quando ela acontecer na relação.

Proximidade gera intimidade, todo casal precisa desse elo para o fluxo do amor.

Porque, no início, era aquele fogo e depois...

A famosa paixão por si mesmo.

O outro, da mesma forma, projetou isso em você. São duas pessoas envolvidas consigo mesmas através do outro. É uma delícia! Sem dúvida. Tem gente que ama ficar nesse estágio e vive terminando e começando nova relação, quando começa a enxergar o outro, quando ela ficar de verdade a pessoa que é.

Sendo a paixão um tesão/paixão por si mesmo projetado no outro, bastaria eu me apaixonar por mim novamente para curtir essa sensação gostosa com o outro. Ok? Sacou a questão?

Agora, como fazer?

Vai depender do "escolher isso", estimular-se a ponto de estar cheia de paixão e tesão e oferecê-la ao outro.

Como fazer isso?

Já falamos sobre o passo a passo lá atrás.

Além de coisas práticas, ligadas a atitude...

Aprendi que fazer coisas que dão prazer são estímulos a fazerem os olhos brilharem pelo companheiro.

Quebrar a rotina de repente, mudar o horário do trabalho para ir ao cinema, faltar ao trabalho só porque não está "a fim" de trabalhar, permitir-se ser dona do tempo pelo menos de vez em quando. Visitar uma exposição de arte, permitir-se molhar na chuva, aprender a letra de uma música que gosta, ensaiar uns passos de *funk*.

A cada aniversário, eu me proponho algo diferente que me gele a barriga.

Asa-delta e salto de paraquedas, me aguardem!

Andar de patins...

Tive infância e adolescência sem recursos financeiros para comprar patins. Meu pai dizia que comprar xampu e condicionador era supérfluo, para vocês verem qual seria a classificação orçamentária dos patins, rsrs.

Sempre tive vontade, mas depois adulta fiquei com medo de cair, quebrar os dentes, rsrs. Só que agora eu vou.

Aos 50 quero voar de asa-delta, até meus 60 aprender a surfar.

Esse encantamento com a vida nos torna mais encantadoras a quem nos vê, colocamos em nossos olhares mais alegria e amor.

Ao encher meus olhos de desejo, paixão, alegria, posso ver tudo isso em meu companheiro.

A libido, o fogo, desejo sexual estão em nós.

Vou sentir orgasmos intensos até 103 anos de idade. Pedi a Deus vida, saúde e prazer até lá. Caso eu viva mais que isso, renego-cio com ele, e o prazer, saúde, alegria estarão no pacote, rs.

Às vezes escondemos essa energia por raiva, medo ou como punição, mas pode ser porque ela está fraca, em desequilíbrio.

A questão não é precisar de alguém para devolver a própria libido, para acendê-la.

Quando alguém a faz aparecer é porque ela já estava lá, não foi a pessoa que colocou, simplesmente a acionou.

Poderia até me envolver com alguém, mas não por essa necessidade, se o fizesse, seria pela escolha alicerçada no desejo de me envolver com outra pessoa.

Não foi essa minha escolha e não critico em nenhum momento a pessoa que queira atear fogo à sua libido através do extrarrelacionamento.

Mas não é ato amoroso trair o parceiro, companheira!

A busca de cada um não precisa ferir o outro.

Escolhi não transferir para ninguém a chave para esquentar minha libido, ou a solução de meu problema.

Adquiri uma firmeza ainda maior em relação à posse de meu desejo sexual, um maior conhecimento sobre meu corpo e suas necessidades.

Voltei com tudo para mim, sou eu comigo mesma quem precisa ver o que está acontecendo. Se eu não tivesse a maturidade que tenho hoje, eu levaria o problema para o campo do "eu não o amo mais"; "eu vou romper, pois o tesão acabou"; "ele não é capaz de me dar tesão mais"; "a culpa é dele que não inova em nada, não faz nada diferente"; "ele não é mais o mesmo"...

Primeiramente voltar para o que acontece comigo, para depois o que acontece conosco por causa de mim ou por causa de você?

Não é assumir sozinha tudo o que acontece na relação, mas, sim, a parte que me cabe. Até para poder deixar com o outro o que é somente dele.

FATORES QUE PODEM ATRAPALHAR:

Há a questão de que, quando um casal começa a morar junto ou a se relacionar como marido e mulher, o desejo sexual começa a diminuir por conta da projeção de um em relação ao outro.

O homem projeta na mulher a sua mãe, e a mulher, nele, o seu pai. E ninguém quer transar com o pai ou com a mãe. Isso porque, de alguma forma, revivemos as experiências de nossa infância e adolescência, o que aprendemos nessa fase. Como tendemos a repetir as experiências vividas, inconscientemente, achamos que estamos vivendo com nosso pai ou nossa mãe, com nossa família inicial em que havia, pelo menos deveria haver amor, mas não fomos aceitos como seres sexuais.

Seria mais ou menos como se estivéssemos lá em nossa primeira casa e, portanto, não desejamos a proximidade sexual, mas, muitas das vezes, apenas a proximidade do afeto, do abraço, da presença.

Pois recebemos esse cuidado afastado do acolhimento de nossa sexualidade, em nos aceitar como seres sexuais, o que gerou a separação entre amor e sexo, por conseguinte, retratando isso no envolvimento adulto.

A concepção que separa o amor do sexo dentro do relacionamento impede a expressão profunda dele, como já lhes disse.

Essa concepção poderá levar à crença de que a pessoa amada não é para "fazer uma coisa feia dessas", isso é para ser feito com "outro tipo de gente". Daí, não ocorre a união do coração (amor) com a pelve (sexualidade) em uma expressão do "eu te amo".

Faça a coisa feia ser maravilhosa e linda. Na parede, na mesa, no piso. Ame!

Existem muitos casais que se amam, mas não gostam de fazer sexo, querem mais é a companhia, o carinho, a presença do outro, ou gostam de fazer sexo mas não se respeitam nem cuidam um do outro.

Só que a forma de o indivíduo adulto e maduro, na relação, expressar seu amor é por meio do envolvimento sexual que resultou de uma boa regada no jardim do afeto.

Por isso, em muitos relacionamentos, um se parece mais pai da mulher, ou a mãe do marido.

Essas intercorrências se dão por conta da forma como foi o aprendizado e a interpretação sobre o que foi ensinado a respeito da sexualidade. A concepção de que sexualidade é somente o ato sexual.

Mudar essas crenças para conceber o prazer como fonte propulsora da vida. A tendência natural será de que seus filhos se tornem adultos saudáveis, emocional e mentalmente, e terão uma vida sexual satisfatória.

Quem foi educado para experimentar, sentir, curtir, cultivar o prazer e apropriar-se dele?

É quase que esperado, então, que a mente e o corpo façam de tudo para afastar o proibido, afinal, muitos pais foram treinados dessa forma e acabam repetindo com os filhos o aprendizado, e tudo com a melhor das intenções.

Sempre aprendi a importância de ser educada, de ser mulher de respeito, trabalhadora, honesta, cumpridora das obrigações, boa mãe de família, zelosa, caridosa.

Nunca fui orientada a fazer alguma escolha em minha vida guiada pelo prazer, "minha filha, faça aquilo que lhe dê prazer"; "quando fizer amor, sinta e dê prazer"; "toda mulher merece ser feliz, também, na cama"; " entregue-se ao prazer sexual" – como essas frases me fizeram falta!

Meus pais me deram o melhor que eles puderam, e tudo deu certo, sou muito grata!

Jamais os julgaria, apenas partilho com vocês o que é minha história, pela qual eu sou apaixonada.

Não tenho nenhuma pretensão de julgar ou mesmo culpar meus pais ou outros pais, por saber que, assim como eu e vocês, eles ofereceram o que tinham e com toda a certeza de que estavam me oferecendo o certo e o melhor.

Lembro-me muito bem de minha mãe dizer: "É para o seu bem!".

Eu sou mãe de três meninas, mulheres, rsrs, sempre foco no bem delas. Abrir caminhos para eu vivenciar minha sexualidade, minha vida de modo prazeroso facilita a caminhada delas.

Mas o "bem" que os pais almejam para seus filhos pode ganhar uma dimensão que seja, de fato, importante para eles, uma vez que nem sempre a concepção de "bem" que oferecemos é realmente o que eles desejam ou precisam.

Assim, nós precisamos cuidar, melhorar mais nossa sexualidade na dimensão vida sexual para ensinar também pelo exemplo.

Ler mais, estudar mais, participar de encontros que tratem da sexualidade e outros assuntos que ainda são difíceis de ser tratados em muitas famílias.

É errado deixar que nossos adolescentes façam sexo com referência pornográfica, tratem o parceiro como objeto, valham-se de abusos ao próprio corpo em nome do sexo. Isso não é saúde nem afetividade.

A separação entre amor e sexo vem desde a infância, quando não fomos aceitos como seres sexuais por nosso primeiro amor, no caso da menina, o pai; e do menino, a mãe.

Essa distorção é causa de muitas separações, alicerçadas na insatisfação sexual, "incompatibilidade de gênios", que pode chegar até a violência doméstica, abuso sexual contra filho de forma velada ou explícita.

Isso é sério!

Casais desconectados da própria sexualidade não vivenciam uma satisfação sexual entre eles, o que resultará, de alguma forma, em que uma filha, por exemplo, se tornará a "queridinha" do papai; e o menino, o "queridinho" da mamãe.

Tornam-se adultos infantilizados. Sofrem e causam sofrimento na vida a dois e aos filhos.

Podendo-se chegar a situações extremas em que ocorre estupro, atentado violento ao pudor, abuso sexual que deixarão marcas de dor profunda.

O abuso sexual pode ocorrer em um plano inconsciente, que se revelará na escolha de uma filha para ser a "queridinha", de um filho para ser o "queridinho".

Através do olhar, pela forma como se "educa" para a sexualidade, pela escolha do namorado, namorada, ocorrerá um envolvimento sexual velado. Os filhos são utilizados como "bode expiatório" da relação, disputando, inconscientemente, um ou outro. Situação que, indiscutivelmente, compromete rá a vida deles, desde o fato até a fase adulta.

Por isso, muitos casais se separam mesmo se amando. Estão presos ao triângulo negativo de seus pais.

O casal que está bem, que tem nível satisfatório, tanto na rotina diária quanto na vida sexual, não buscará o suprimento dessas carências em seus filhos por estar, exatamente, com a maturidade sexual presente em sua vida, e têm a posse dela a ponto de vivenciá-la de forma satisfatória.

Nisso, contribui para que a infância de sua prole seja saudável, elemento essencial para que eles, na fase adulta, possam desfrutar de uma vida bastante satisfatória.

Por isso é que quando se investe em "conhecer-se a si mesmo", o outro, e a relação, prioriza-se a proximidade afetiva, emocional e sexual, vai implantar em suas vidas e na de seus filhos a semente para uma vida feliz.

Além de ensiná-los sobre o verdadeiro sentido do amor, pois, sem proximidade, não há que se falar em amor, e sim em uma mera narrativa, uma inexpressiva verbalização, um discurso.

Família, independentemente se formada por casal hétero ou homoafetivo, se o vínculo que os une é o amor, respeito, desejo de cuidar e melhorar dentro da relação, sempre será família e ponto!

Por isso, faça o exercício que proponho especificamente para promover harmonia, compreensão, respeito, amor, aceitação, perdão, cura nesse ambiente; durante a pronúncia das frases, crie outras capazes de ajudar a promover tudo isso a vocês.

Façam, individualmente e juntos, as atividades que proponho.

Curem-se internamente para que a relação seja saudável e, se tiverem filhos, que eles cresçam da mesma forma.

Minha família, minha história...

Foi uma jornada até eu reconhecer e aceitar que minha família não era feliz!

Não me recordo de ver expressão de felicidade nem em meu pai nem em minha mãe. Eu sofri tanto quando percebi isso por eu não ter exemplo em meu ninho inicial, de alguém feliz.

Eles se separaram quando eu tinha 14 anos, foi muito traumático! Eu quem separava as brigas deles, entrava no meio daqueles tapas, murros e gritos.

Quando me dei conta, senti-me impotente em relação à possibilidade de eu sentir a felicidade por não ter tido uma base. Precisava de um modelo, principalmente de minha mãe, para eu me sentir autorizada a ser feliz.

Eu conheci a violência doméstica muito cedo. E me sentia responsável para impedir tragédias.

Precisava dessa autorização, senão eu estaria "traindo" minha família. Como poderia ser feliz se nem minha mãe foi? Eu deixaria de ser filha dela, de pertencer, eu ficaria órfã.

Percebem o nível de envolvimento negativo que podemos ter com nossa família?

As crenças de não sermos merecedores do amor, prazer, felicidade estão em nossa história de vida. Por isso, nem sempre conseguimos felicidade no primeiro relacionamento.

Muita luta para desfrutar da alegria a dois, nesse contexto de superar aprendizados negativos.

Repito não se tratar de atirar pedras nos pais, eles sofreram com essas escolhas e atitudes. Sem felicidade, ninguém é feliz. Parece óbvio, mas nem sempre, porque sempre julgamos a quem contribuiu para nossos desafios.

Eu consegui ficar em paz com tudo isso, aprender com os traumas para oferecer luz e amor às famílias!

Casei-me três vezes, nos dois casamentos anteriores havia um inconformismo, dificuldade com o envolvimento profundo, não fui feliz no primeiro, no segundo comecei a descobrir que era infeliz, hoje eu sou feliz.

Podemos ser leais à nossa família até nas coisas negativas.

Meu primeiro casamento durou exatos 14 anos, a mesma idade que eu tinha quando meus pais se separaram!

Vítimas de abuso sexual precisam ficar atentas ao modo como se relacionam, geralmente a figura masculina é interpretada de forma negativa, usamos de sabotagem e máscaras para conseguirmos nos relacionar.

Não tinha como eu acertar com facilidade, principalmente por minha história.

Vocês observam que, para falar sobre relacionamento que esfria, onde chegamos, família!

Sem aprendizado de amor, prazer, felicidade, fica difícil se autorizar a amar, sentir prazer e ser feliz.

Mãe, eu posso ser feliz?

Sabe como consegui autorização de minha mãe para eu ser feliz? Em sonho!

Deus me revela muitas coisas em sonho...

Sonhei que minha mãe iria se casar, veio até minha casa me convidar. Quando abri a porta ela estava linda, com os cabelos encaracolados, tamanho médio, uma tiara vermelha prendendo-os para cima, um batom da mesma cor, vestido floral e bem acinturado, corpo escultural, sorriso que eu guardo a sete chaves em meu coração...

Disse-me: "Filha, eu estou tão feliz, pois eu vou me casar com o homem da minha vida!".

A mensagem para mim foi relativa àquilo que eu buscava: "a autorização para eu ser feliz". Ela veio através desse sonho.

Chorei profundamente pela sensação de que eu estava resgatando algo, também pela tristeza por ter ficado tanto tempo sem ver isso; alegria e paz me inundaram.

Todas essas questões faziam muito sentido para mim, e eu continuava as investigações. A cada percepção, me sentia mais livre e batia uma sensação de paz.

Como saber se eu estava no caminho certo com essas questões e as respostas que pulsavam?

Desse sonho em diante me conectei com o que sentia pelo meu companheiro, percebi que qualquer relacionamento esfria, mata o amor, se uma das partes não estiver curada às feridas de sua família interior.

Quando estiver em dúvida, conflito em seu relacionamento...

Pare, respire bem profundo, devagar, coloque as mãos sobre o coração e se pergunte:

O que isso quer me dizer?

O que fiz para criar isso?

Qual minha responsabilidade nisso?

Como transformar isso em experiência de amor?

A resposta que dá sensação de paz, tranquilidade é a opção escolhida ou a ser escolhida. A sensação de paz interior, de que "faz sentido", é o norte, rumo, para sanar as dúvidas que só nós mesmos podemos resolvê-las.

Dentro de cada um de nós, existe um guia, somos "feitos à imagem e semelhança de Deus". Acessar essa semelhança com o Divino abre o caminho para uma vida mais curativa.

Deus está em nós!

Somos nossa sexualidade!

Portanto, Deus está na sexualidade!

Vamos nos encontrar no próximo livro sobre o mergulho espiritual nesse assunto.

Na próxima etapa, após se aceitar como ser sexual, se amar integralmente...

No próximo lugar, onde chegaremos após nos reconectarmos com nossa sexualidade.

A dimensão espiritual de nossa sexualidade.

Vai ser lindo!

A melhor maneira de acessá-la é através do coração, esse órgão nunca nos engana. Ele representa a criança que temos dentro de nós e é seu porta-voz.

Por isso, precisamos curar as feridas dessa criança interior com o autoamor!

Ele é a sentinela de todo o corpo; ele prima pelo prazer, alegria, paz, amor, felicidade. Quem desenvolve a habilidade para escutá-lo fará escolhas que lhe ensejarão mais paz e vitalidade.

É bastante trabalhoso, e até sofrível, conhecer a si mesmo. Mas, só se cura quem se permite conhecer, aceitar e sentir sua história. Você acha que ainda não me dói o coração? Só que hoje eu consigo sentir e falar, até porque eu canalizo minha experiência para ajudar. E isso me alegra!

Cada um tem um caminho a ser trilhado, intimamente ligado ao que se escolheu. Não quer dizer que esteja certo ou errado, embora eu classifique como algo imensamente positivo essa jornada sofrível e prazerosa de autodescoberta.

Quando criança, a maioria aprendeu a sentir vergonha, medo e culpa pelas sensações sexuais. Depois leva essas sensações para a relação, que sofrerá muito ao render-se aos seus impulsos e desejos sexuais.

Além do ambiente familiar, o Estado, na formação educacional do indivíduo, não concebe a sexualidade como elemento da personalidade.

Isso reforça a cisão e contribui para a vulgarização do tema, e os exageros no âmbito sexual.

Muitos países têm se voltado para essa temática, a China implantou na grade curricular da graduação a disciplina Psicologia do Amor e Sexo, como canal de orientação aos jovens em sua forma de se relacionar.

Quem **está aceso** de vitalidade, sexualidade integrada, acende a luz do outro e vice-versa!

Namorando, casada divertidamente...

Primeiro vejo o que é meu no problema, depois o que é seu!

Juntos, podemos...

Reservar tempo para tomar uma boa bebida regada de descontração, sorriso, falando sobre coisas que dão prazer. Por que focam tanto em assunto antilibido?

Procurar maneiras de se sentirem bem na companhia um do outro, tal como era no começo da relação, reinventem o conhecido, redescubram o corpo do outro e o próprio.

Pular corda, elástico, competições da corrida no saco, com ovo na colher, um monte de travessuras infantis vividas por adultos, por que não?

Revejam juntos as fotografias em que estão felizes!

Leiam os bilhetinhos, cartas de amor, os melhores e-mails!

Escarafunchar e encontrar o que de melhor vocês fizeram juntos até o momento!

Deixem do lado de fora do quarto a preocupação com o peso corporal, massa magra!

Namore, beije, lamba, curta o corpo um do outro!

Declare seu amor através do olhar e das mãos!

Desinteressar-se pelo outro pode ser um desinteressar-se por si mesmo!

Crie um cronograma de "**não rotina**" (estou implantando isso em minha casa), liste na semana uma atividade diferente a ser cumprida e cultivada por toda a família e, claro, uma só para o casal.

Tenha vida própria, seja uma novidade para si mesmo e então será sempre uma novidade para o outro.

Afinal, não há como se "acostumar" com uma pessoa que nunca se acostuma com seu próprio jeito, por sempre estar se redescobrindo.

• Esquente-se de novo;
• Apaixone-se de novo por você;

- Cultive as sensações sexuais em SEU corpo;
- Aumente SUA libido;
- Autoexcite-se;

É você quem precisa se esquentar para depois curtir isso na relação

Faça amor consigo!

Faça amor com ele!

Da mesma forma, o outro deve se esquentar, assumir cada um sua parte na ressonância com o amor sexual.

– Como deseja ser tratado? Trate!

– Que frase gostaria de ouvir? Diga!

– O que quer que te faça de prazeroso? Faça!

– Cultive o bom humor! Ria, sorria!

– Quer gente animada e iluminada ao seu lado? Seja uma!

– Quer ser vista como alguém especial e maravilhoso? Veja isso no outro!

– O que gostaria que fizesse com você na cama? Faça com ele(a).

– O que jamais pensaria em fazer na relação sexual? Experimente, mas com prazer.

– O que lhe dá mais prazer? Faça nele(a).

– Uma loucura a dois? Faça-a.

– Sinta tudo; permita-se sentir; expresse-se, curta.

ATIVIDADE DE EXPRESSÃO CORPORAL – O poder da entrega

✓ Sentir mais o corpo;

✓ Facilitar o fluxo da energia vital;

✓ Facilitar o fluxo da energia do orgasmo;

✓ Diminuir dores e tensões musculares;

✓ Sentir mais segurança com o próprio corpo;

- ✓ O primeiro exercício a ser realizado com o intuito de auxiliar o contato corporal, ter estrutura para sentir o prazer é o *grounding;*
- ✓ Ajuda o corpo a se sentir seguro para aproveitar qualquer sensação, principalmente o orgasmo;
- ✓ Alexander Lowen criou várias atividades, e eu fiz algumas adaptações, incluindo outras, frutos de experiências em minhas palestras;
- ✓ "O prazer assusta", e ele, como autor, criador da bioenergética e dos exercícios utilizados por essa área, nomina o *grounding* de "Exercício de Fundamentação" (*O Corpo em Depressão*, p. 47, 1983) (*O Corpo em Terapia*: a *Abordagem Bioenergética*, p. 11). Ou seja, faça-o antes dos outros;
- ✓ É necessária preparação corporal para poder experimentar a carga prazerosa do orgasmo e ainda contactar com a realidade que é o próprio corpo-emoção-razão;
- ✓ Faça este exercício sem a pretensão de "malhar", obter resultado, conseguir ficar muito tempo, mas apenas como uma experiência de sentir o próprio corpo;
- ✓ Foque sua consciência no que está sentindo, como está se sentindo e, se começar a doer, solte a expressão "ai, ai, ai" bem rapidinho e com som. Caso comece a ficar gostoso e as pernas começarem a tremer solte o "uhruru, rruru" como expressão de prazer. O importante é sentir!;
- ✓ Faça-o de forma regular, mas sem a obrigação em fazê-lo. Vez ou outra, se estiver desanimado, se estimule com base nos benefícios que eles oferecem.
- ✓ GROUNDING significa "ter chão", alicerce, estar aterrado, seguro e confiante no próprio corpo.

GROUNDING – TER CHÃO

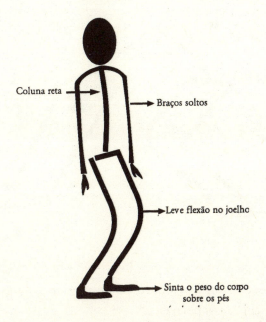

- ✓ É necessário fazê-lo antes de qualquer outro exercício aqui sugerido, por dar estrutura para "o sentir", expressar, liberar, agir, principalmente antes de FAZER AMOR CONSIGO.
- ✓ Fique de pé (pés descalços) com os joelhos ligeiramente inclinados (sem enrijecê-los nem esticá-los), com uma leve flexão, deixe todo o peso do corpo recair sobre o calcanhar e a ponta dos pés;
- ✓ Fique com os pés paralelos e separados uns 15 centímetros de distância entre eles;
- ✓ Deixe as costas retas; braços caídos e relaxados ao longo do corpo; boca semiaberta; respiração fluida e profunda (vá percebendo a respiração); solte a barriga, nádegas e pelve;

GROUNDING – TER CHÃO

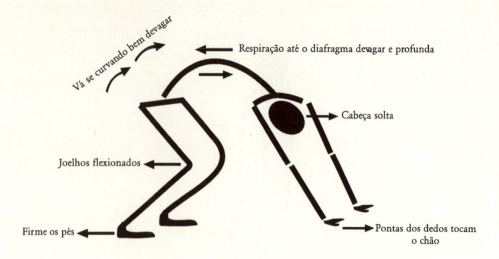

- ✓ Sinta as pernas e os pés. Lembre-se: para obter os benefícios do exercício, é proibido estender completamente os joelhos e enrijecer as pernas;
- ✓ Fique nessa posição por uns cinco minutos se sentindo, observando a respiração e o que vem à sua mente.

Caso sua mente a julgue, fale coisas negativas, mande tudo para a luz!

DEPOIS:

- ✓ Vá se curvando bem devagar até encostar as pontas dos dedos no chão (encoste as pontas dos dedos no chão sem soltar o peso sobre eles, apenas como um leve apoio);
- ✓ Mantenha os joelhos flexionados, respire profundamente e devagar, cabeça solta, pés firmes no chão e com o peso do corpo distribuído sobre eles;
- ✓ Observe como se sente e expresse, DEIXE A BOCA SER PORTA-VOZ DO CORPO: dói em algum lugar? (ai, ai), as pernas começam a vibrar? (urhuru...)

✓ Fique nessa posição uns cinco minutos. Se ficar muito desconfortável, vá parando devagar: retire bem devagar as mãos do chão, firme os pés no chão e vá desenrolando a coluna bem lentamente – OS PÉS O SUSTENTAM – mantenha os joelhos flexionados – PROIBIDO ESTICAR OS JOELHOS, pois perde o efeito do exercício.

Como se sentiu ao fazer esse exercício?
Veio alguma imagem, ideia, pensamento?
Como está se sentindo agora?

O terceiro exercício é para resguardar o próprio espaço, colocar limite nas pessoas para que não invadam sua vida.

É ótimo para afastar chefes negativos, pessoas invasivas e, principalmente, o sentimento de culpa que irá aparecer assim que começar a sentir mais prazer e alegria na vida, especialmente nas pessoas que não foram "criadas, educadas para serem felizes" (quase todos nós); dará, ainda, uma sensação de tranquilidade e logo, logo, a de identificar seu espaço e os próprios limites.

Sempre mandaram em nós!

Está na hora de mandarmos em nós mesmas, ter nosso espaço sem excluir quem amamos.

Este exercício tem duas etapas: a primeira é essa função de resguardar o próprio espaço, e uma segunda, que deve ser feita depois, destinada a exigir do universo tudo o que acredita que merece, principalmente vivenciar o prazer orgástico.

Primeira etapa:

✓ Fique em pé do mesmo jeito que é necessário para fazer o *grouding*;

✓ Estenda os braços na horizontal e na lateral do corpo; sem esticá-los, mantenha um pouco de flexão nos cotovelos e

CRIANDO SEU ESPAÇO

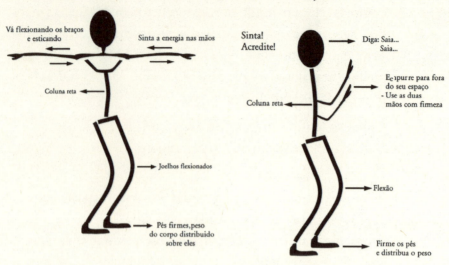

Vá circulando as mãos criando seu espaço

    levante as mãos na vertical, procure perceber a energia nas palmas das mãos;

✓ Faça movimentos circulares, como que rodando em volta de si mesma, criando uma área só para si;

✓ Com as duas mãos na frente do corpo, empurre (o que quer que seja afastado de si, culpa, pai, mãe, patrão, preguiça, medo, tristeza etc.) e verbalize: **Saia!**

Como você se sentiu ao fazer esse exercício? Pensou em alguma coisa? Sentiu que merece ter seu próprio espaço?

CRIAR, RESGUARDAR E DESFRUTAR DE SEU ESPAÇO!

Segunda etapa:

✓ Mantenha-se na mesma posição tal como para realizar o *grouding;*

- ✓ Os dois braços acima da cabeça e na frente do rosto, comece a puxar com força (o que você quer que o universo lhe dê, aqui, para este livro o prazer orgástico) e dizer: *Me dê! Me dê! Agora! Eu mereço sentir o orgasmo, eu mereço ser orgástica, eu mereço sentir muito prazer e dar prazer, eu mereço ser feliz em tudo na minha vida!*
- ✓ Fale com convicção, confiante, segura de que merece tudo isso. Observe: se você realmente acredita ser merecedora do que pede, como se sente ao fazer esse exercício? Pensou em alguma coisa?

EU MEREÇO, ME DÊ!

ACORDAR A PELVE ADORMECIDA

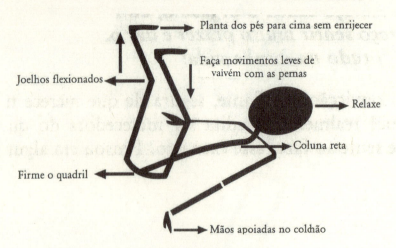

CHEGA DE PELVE ADORMECIDA!

Facilitar a entrega à sensação sexual;
Despertar o desejo sexual;
Ajuda a desbloquear e tornar a pelve mais leve;
Mais energia para trabalhar;
Ajuda a eliminar a vergonha, a culpa pelas sensações corporais.

- ✓ Deite-se de costas na cama e procure sentir a pelve firme no colchão;
- ✓ Apoie bem as mãos, cada uma ao lado do quadril;
- ✓ Erga as pernas e as deixe paralelas;
- ✓ Flexione um pouco os joelhos;
- ✓ Alternadamente, encolha uma perna enquanto a outra fica erguida, mas sempre um pouco flexionada, e encolha esta e estenda a outra. Tudo com movimentos muito suaves, bem devagarzinho, em um movimento de vaivém bem lento. Vá sentindo tudo. É possível que as pernas comecem a vibrar, então se permita sentir essa vitalidade, bem como poderá sentir esquentar ou uma sensação de "tesão" na região pélvica.

- ✓ Desça as pernas e firme os pés no colchão. Firme bem os pés no colchão e eleve a pelve e solte-a (com tudo) no colchão;

- ✓ Fique na posição "pós bater com a pelve" no colchão e firme bem a pelve e os pés no colchão e veja como se sente. Esquentou a região pélvica? Sente-a mais energizada? Qualquer sensação que surgir, acolha, expresse com a boca.

- ✓ Fale para si mesma: **Eu mereço, eu posso ser feliz sexualmente, ser orgástica, vivenciar todo prazer que meu corpo possa me proporcionar. Eu acolho, aproprio-me e aproveito todo o prazer que dele emana.**

Vagina forte, prazer intenso! Nossa força está na vagina, no coração e na cabeça.

Esta segunda etapa refere-se à realização de exercícios vaginais (alguns os nominam de pompoar ou exercícios de Kegel), com a finalidade de fortalecer a musculatura da região pélvica, pois, segundo os especialistas, a partir dos 30 anos de idade, é necessário investir na prática para evitar a flacidez nessa região.

Para se saber como está a musculatura, assim que começar a urinar, interrompa-a rapidamente. Se conseguir parar o fluxo urinário, é sinal de uma boa musculatura. Entretanto, se não conseguir pará-lo e ainda ao espirrar, tossir, dar risada mais forte, o líquido derrama involuntariamente, bem como sente uma pressão insuportável para urinar quando a bexiga está cheia, no nível se não correr, urinar onde estiver, levantar várias vezes à noite para urinar (desde que não tenha uma causa específica), são indicativos de incontinência urinária em decorrência de flacidez na musculatura vaginal.

Muitas mulheres não sentem o orgasmo porque os músculos estão fracos.

Após os 35 anos, nosso corpo diminui os músculos, massa magra, a vagina não foge à regra.

O melhor é que podemos melhorar com os exercícios.

Caso queira usar pesinhos, precisa procurar um excelente fisioterapeuta. Sabe por quê?

É como usar pesos de modo incorreto na academia, causa lesão.

A vagina é a mesma coisa, se usar pesos a mais, de forma errada, vai piorar a musculatura.

Basta pensar nos prejuízos de uma atividade física irregular. Isso vale mais ainda para uma região que é tão sensível.

Daí, você os utilizará por toda a vida, uma vez que deverá ser uma prática diária alternada com exercícios diferentes e para sempre.

Esses que estão no livro podem ser feitos por todas, sem restrição, sem riscos à musculatura, e já auxiliam no aumento das sensações.

Trabalham o períneo, facilitam a irradiação do orgasmo vaginal, e ainda tem o clitoriano!

Auxiliam na diminuição da pressão urinária e as idas ao banheiro de madrugada e dão uma sensação de autoposse do corpo.

Além de ser uma maneira amorosa de entrarmos em contato com a área mais prazerosa de nosso corpo.

Aprender a cuidar dessa região com alegria, em vez de sentimento de culpa.

Tudo isso demanda tempo, dedicação, mas é investimento para um dos auxiliares à qualidade de vida consigo mesma, e sexual satisfatória.

O exercício de contração vaginal pode ser realizado em qualquer lugar. É aquele de contrair a vagina, segurar por cinco segundos e soltar, sem estar com a bexiga cheia.

Faça-o no trabalho, quando estiver digitando, no salão de beleza, no trânsito, na atividade física e também durante a relação sexual, segurar o pênis do companheiro e depois soltá-lo...

EXERCÍCIO

✓ Deitada, com a lombar bem apoiada no colchão, mais firme, pernas encolhidas e distantes uma da outra, no nível do quadril aperte a região pélvica (ânus e vagina) por cinco segundos, sem contrair a barriga, só na referida região e de forma bem concentrada;

✓ Repita 30 vezes essa série de cinco segundos cada e descanse dez segundos após cada série de dez. Faça isso todos os dias até se consultar com um profissional para lhe orientar na utilização de alguns objetos que auxiliam no reforço da musculatura;

✓ Para saber se está fazendo o exercício de forma correta, coloque o dedo na virilha, um pouquinho acima dela e veja se está meio que "repuxando". Se estiver, é sinal que está contraindo corretamente;

✓ Ou, sentada com a coluna ereta e pernas um pouco afastadas no nível do quadril, faça os exercícios tais como se estivesse deitada. Ao fazer todos os dias, adquirirá habilidade para fazer enquanto dirige o veículo (semáforo fechado de preferência por conta da concentração), ao assistir televisão ou um filme no cinema, em pé, enquanto bate um papo ou mesmo no salão, fazendo as unhas.

Se, porventura, um dos companheiros apresenta problemas de saúde que o impossibilite a vivência do amor sexual que resulta na resposta orgástica, creio que o casal, quando alicerçado no amor, terá vivências de grande satisfação e regadas do prazer genuíno através de outras formas que o momento de intimidade oportuniza.

Procurar perceber se algo está escondido por trás desse problema e utilizá-lo para fortalecer o vínculo manifesto no cuidado do dia a dia, acompanhamento ao médico, passeio juntos, abraços, beijos e tantas outras formas de estímulo ao desejo sexual de um pelo outro, que resultará, também, na expressão do amor sexual.

IX – SE ALGO VAI BEM EM SUA VIDA, É POR CAUSA DA SEXUALIDADE

VOCÊ É SUA SEXUALIDADE, SUA SEXUALIDADE É VOCÊ!

Você veio dessa energia chamada sexual, que significa a força criadora e mantenedora da vida.

Se você está viva, é porque sua sexualidade te mantém viva.

É a mesma energia que se usa para respirar, manter-se viva, trabalhar, dançar, falar, pegar uma criança, gestar, comer, fazer amor.

Quanto mais integrada estiver, mais energia terá para viver a vida de forma plena.

Não ficará meio a meio!

Meio bom, meio ruim.

O pêndulo de sua vida penderá sempre para o lado do prazer, satisfação, sensação de alegria.

E nas vezes em que o pêndulo beirar a tristeza, depressão, angústia, medo, baixa autoestima, outras coisas negativas, você saberá como voltá-lo para o lugar que te faz bem.

Como?

Faça amor consigo!

Vez ou outra você vai visitar o fundo do poço, mas sentirá que o pêndulo voltará para onde nos sentimos melhor do que estamos lá no fundo do poço.

Acompanhei minha mãe desde o início do tratamento dela, contra o câncer, até o último suspiro.

Recebi durante essa jornada vários avisos de Deus, sobre o melhor médico, tratamento, alimento...

Sinto gratidão pela missão a mim concedida de ter sido guia na vida dela.

Mas, eu baqueei...

Adoeci profundamente.

Recebi o diagnóstico de depressão, bipolaridade!

Chegaram com tudo as lembranças do abuso, pois ainda precisava limpar mais coisas...

Foi curativo, mas antes disso eu adoeci feio!

Até hoje fico com meus olhos arregalados ao me lembrar de como foi essa nossa caminhada juntas.

Algo muito maior do que eu me colocava as palavras na boca, aguçava meu olhar, sentir e decisões...

Toda essa experiência divina me inspirou para o novo livro, que inclusive Deus já me disse que tenho prazo para entregá-lo...

Estou tentando ser obediente, rsrsrs.

Mas fazer amor comigo está me curando dia a dia.

Para você ver o poder que tem o fato de nos amarmos.

Portanto, tudo vai ficar bem em sua vida pela autoposse de sua sexualidade.

Você poderá trilhar caminhos maravilhosos.

Fique atenta, porque muitos não sabem disso, por isso se trata de um segredo.

Você perceberá que estará mais atraente, se sentirá e enxergará mais bonita, com mais apetite sexual, mais jovem, alegre.

Continue...

E ainda...

Suas escolhas e decisões vão criar os resultados que você deseja!

O que você escolhe está intimamente ligado ao que você pensa (cabeça), sente (coração) e vibra (pelve) sobre você mesma.

Se estiver desconectada de sua sexualidade, decidirá por coisas pela metade, mais ou menos satisfatórios.

Conectada, através do autoamor, você escolherá tudo que lhe dê intenso amor, prazer.

O que você escolhe?

O que você está disposta a fazer para realizar?

Quais os resultados você deseja?

"Você tem de fixar padrões para o que considera ser um comportamento aceitável para si mesma e decidir o que deve esperar daqueles que lhe são caros. "Se não estabelecer um padrão básico para o que aceitará em sua vida, verá que é fácil resvalar para comportamentos e atitudes ou mesmo para uma qualidade de vida muito abaixo daquilo que merece" (Anthony Robbins, p. 37).

Escolher vivenciar mais prazer em sua vida como um todo, PARA SEMPRE, focada nas conquistas diárias com visão de alcance a longo prazo.

Então, quando for se alimentar, primeiro veja se sente fome e, ao começar a comer, vá sentindo o sabor e percebendo se está gostoso ou não, prazeroso ou não. E comece a fazer escolhas que lhe dão a sensação de bem-estar, de gostosura, de prazer.

No trabalho, faça pausas para perceber como se sente, avalie, respire profundamente e pergunte a si mesma: "O que eu posso fazer, agora, para me sentir melhor do que estou?"; "Em que eu posso pensar que me daria uma sensação gostosa?"

E, ainda: o que você gosta de fazer? Como você gosta de ser tratada? Como você imagina ser uma relação sexual gostosa e prazerosa? Você já disse isso ao seu companheiro? Você já perguntou a ele o que lhe dá mais prazer? Como você se sente antes, durante e após a relação sexual?

Anote tudo em um caderninho secreto!

- Qual é seu nível de vontade de fazer amor?
- Quando você sente mais desejo sexual, pela manhã, à tarde, à noite? Você precisa ingerir bebida alcoólica para relaxar?
- Quantas vezes no dia você já parou um pouquinho e lembrou-se de um beijo daqueles de fazê-la delirar? Você já se aproveitou do tesão alheio? Ou seja, ao ver casais se agarrando você fica curtindo isso?
- Você pensa em fazer amor? Com que frequência?
- Sente-se bem ao faz amor consigo?
- Você deseja melhorar o nível de sua satisfação sexual?
- Quer uma relação que una amor e sexo? Em que tem um dia a dia com o companheiro de muito afeto, respeito a ponto de, na cama, a cumplicidade e envolvimento proporcionarem níveis de satisfação?
- Está disposta a voltar para você e aceitar que é uma pessoa inteira, para quem sexo é a maior expressão de amor entre pessoas adultas?

Fazer perguntas gera respostas, lhe dá a clareza se é essa resposta que você quer. Se não for essa, você pode mudar! E para melhor!

Envolva-se com a sensação de prazer em tudo o que você faz!

Desde o mastigar de um alimento até em seu trabalho, em casa com a família, no dia a dia com o companheiro e, principalmente, na cama.

Observe o quanto você se permite sentir e escolher fazer coisas que lhe dão prazer. Fique atenta em relação à autossabotagem.

Sobrecarrega-se de tudo o dia inteiro, corre para cima e para baixo, faz um monte de coisas para a "cútis" (ela merece e é prazeroso cuidar!) e não cria uma oportunidade para um momento de prazer na cama, sofá, banheiro, parede, com você e para você?

Você deve iniciar-se já ao acordar, no café da manhã, com um "bom-dia" afetuoso para si mesma!

PERMITA-SE O PRAZER.

DÊ-SE AO PRAZER.

DÊ-SE PRAZER.

CONSTRUA E INCLUA O PRAZER EM SUA VIDA.

Desafios virão, é bem possível para você, e a pessoa com quem esteja se relacionando.

Você pode sentir medo da novidade e do quanto isso é bom, pois a regra é a de que "não podemos ser donas de nossa sexualidade", lembre-se da quantidade de pessoas que se achavam donas da sua.

Vai sentir mais prazer, sua cabeça buscará a satisfação, seu coração desejará vivenciá-la e sentirá sua pelve como nunca.

As pessoas verão você mais atraente, alegre, porque você se sente assim.

Quanto ao seu companheiro, é possível que surja o medo de "perder" ou de você arrumar outro cara, já que o nível de exigência na relação vai aumentar por você desejar curtir mais sua sexualidade, e isso somente é possível em relações onde o casal está realmente envolvido.

Mas, onde há amor, tudo dá certo se os dois fazem dar certo!

Sem se esquecer do quanto ainda é preconceituosa a visão de muitos homens em relação às mulheres que gostam muito do envolvimento sexual.

Às vezes, eles preferem que sua companheira seja "fria" por ser, ilusão pura, "mais fácil de lidar" e relacionar-se com uma mulher "quente" pode representar na cabeça deles uma possibilidade de traição.

Isso é administrável, e o casal aprenderá muito com toda essa nova etapa, pois o importante é potencializar a capacidade de entrega ao prazer que o orgasmo proporciona.

No poder do amor!

Quanto mais sente prazer com o próprio corpo, através do auto-amor, fazer amor consigo, mais o amor a dois prospera!

O que significa forma adulta?

Ter o domínio da própria sexualidade, ser dona dela, de forma que, ao sentir sensações sexuais, essas sensações não dominem a pessoa, mas a pessoa é quem a domina.

De que forma?

Escolhendo conscientemente o que fazer com ela.

A mulher que se permite sentir as sensações sexuais e escolhe livremente o que fazer com ela, sem julgamento, mas focada em seu desejo e em sua maturidade e como forma de expressão de seu amor que engloba o carinho, a ternura, a partilha, a cumplicidade, o tesão, é dona de si mesma.

Às vezes a expressão "escolhe livremente o que fazer com ela" pode ensejar as perguntas: mas, e se ela for casada, se estiver em uma relação duradoura?

Ser livre não significa deixar de amar as pessoas, separar-se, trair, promiscuidade, safadeza, falta de limites.

Pelo contrário, ser livre significa a vivência de algo pela escolha, sem culpa e, pelo que isso significa, sendo esse significado o prazer, a alegria, a felicidade, o amor, a caridade, a compaixão, a entrega.

Somente a pessoa livre pode, verdadeiramente, amar e expressar esse amor, ser feliz e fazer feliz, alegrar-se e transmitir alegria, por não ter a culpa de suas escolhas.

A pessoa livre é a que, verdadeiramente, ama, pois, além do sentimento que carrega consigo, é capaz de expressá-lo por meio de gestos concretos, reais, visíveis.

O homem que estiver se relacionando com uma mulher adulta, ou mesmo em uma relação homoafetiva, só de perceber o nível de envolvimento e entrega que ela partilha com ele na cama e fora dela, regada de respeito para com ele, já lhe dá um sinal do quanto ele é importante para ela e o valoriza.

Do contrário, ela não se entregaria. Percebem?

Isso é entrega, e não performance!

Na performance a mulher atua, faz e acontece na cama, mas o nível de satisfação é quase nenhum, pois tudo é feito para diversos propósitos, menos o envolvimento.

Outra causa possível sobre por que a mulher não sente o orgasmo é a hostilidade pelo companheiro ou mesmo por aqueles "que a inibem de envolver-se por completo durante a união sexual".

Eu me lembro de quando eu fazia terapia da abordagem bioenergética em que o terapeuta, em uma sessão em que eu lhe contava sobre o início de meu tratamento com uma fisioterapeuta pélvica para aprender a trabalhar com a musculatura vaginal utilizando cone vaginal, bolinhas e eletrodo, o que me perguntou?

Por que você está fazendo isso?

Essa pergunta precisa ser feita a cada escolha e deve ter, de verdade, como resposta, PARA EU ME CONHECER, SENTIR MAIS PRAZER e DAR MAIS PRAZER.

As cobranças contra nós estão ligadas à exigência pela publicidade, opinião pública, de nosso próprio olhar, de que sejamos magras, mas, com a mesma intensidade e de forma exaustiva, oferece publicitariamente comida.

É uma loucura!

Você tem de ser magra, mas os comerciais da televisão, a grande maioria, são sobre comida, só que nada de salada, sempre massas, gorduras, frituras, picanha.

Ou então, seja sarada, malhada, turbinada e viva à custa de claras de ovos o resto da vida e com bafo de cachorro pela ingestão em excesso de proteína.

Vejo mulheres que precisam justificar-se por comer um brigadeiro, dizendo: "Ah! Como ontem eu nem jantei, posso comer esse "docinho" (ainda diminui o nome para passar a sensação de que não está tão cheia de culpa assim).

Ou seja, é proibido, a não ser que se faça até um sacrifício (deixar de jantar) para poder se permitir um pouco de prazer.

Não estou apregoando a outra forma de desrespeito ao corpo, que é entupir-se de comida além do que ele precisa para ter vitalidade, saúde, nem negar a importância de compensar os exageros.

Eu amo vinho, risoto e banana "à la Arau", rsrs, uma sobremesa que inventei para minhas filhas, que fica maravilhosa.

Caio de boca, de vez em quando!

No dia seguinte meu próprio corpo já rejeita muita comida, pede mais água, salada.

Antes, eu precisava me obrigar a comer menos no dia seguinte, pois estava desconectada de minha sexualidade, de mim mesma.

Era só controle!

Privar o corpo do prazer, não se permitir vivenciá-lo nas pequenas coisas, como saborear uma delícia de brigadeiro, vez ou outra (óbvio, comer todo dia não é tão saudável quanto a ingestão de frutas), mas dá para perceber o quanto de culpa está oculta nesse gesto e revela a falta de permissibilidade para o prazer.

Essa proibição ao prazer, mesmo nas pequenas coisas, revela uma culpa enorme embutida.

Quanto mais livres estamos, menos culpa sentimos.
Essa liberdade tem nome: autoposse da SEXUALIDADE!

Faça os exercícios "Atividades de Expressão Corporal"!

Vão lhe ajudar a ser dona da sexualidade!

É como se ainda nos dissessem "você não pode!".

Estamos obedecendo a esse comando até hoje, mas quanto mais você se permitir ao prazer, mais você será dona de si mesma e adquirirá uma sabedoria corporal.

Com Cabeça, Coração e Pelve integrados, você jamais trairá a si mesma! Exemplo, quer emagrecer, mas dispara a comer; economizar, e dispara a gastar; sentir prazer, mas começa uma briga com o companheiro; sentir-se satisfeita no cotidiano, mas não se entrega na hora do sexo; fazer mais amor, e o manda dormir no sofá; descansar e arrumar mais afazeres.

É o prazer fugaz!

Com efeito colateral!

É o ilusório, pela metade, que é buscado para preencher uma lacuna, um vazio emocional, aquele que, de alguma forma, lhe acarretará uma consequência prejudicial.

PRAZER DESCONECTADO:

Comer demais = engordar;

Comprar demais = desperdício;

Deixar de se alimentar = desnutrição;

Fazer amor sem camisinha = risco à saúde ou busca do suicídio inconsciente;

Sexo prazeroso regado a tratamento hostil no dia a dia ou até a violência doméstica;

Dia a dia de respeito e carinho, mas sem entrega ao amor sexual.

Vive em uma dualidade, cisão!

Onde se sente prazer momentâneo ou em algum aspecto da vida, e a outra parte é insatisfatória ou mesmo "trágica".

Prazer que, no momento da prática, tem nível de "satisfação", mas o antes (mentir, disfarçar, preciso, urgente, dependência, comprar ilicitamente), durante, depois (consciência pesada, xingamento, desrespeito, depressão, mal-estar, dores), estão carregados de consequências negativas para si ou para outrem, não é o prazer de que trata este livro.

Prazer conectado, cabeça, coração e pelve, é capaz de fortalecer positivamente a pessoa, criar vínculos.

Ele se inicia motivado pelo desejo e não na necessidade, urgência, dependência. Mantém-se pela entrega, envolvimento,

confiança e finaliza-se com uma sensação de paz, plenitude, fortalecimento, saciedade. O que ocorrer, posteriormente, será uma nova experiência.

Os movimentos podem ser idênticos, mas o significado, as sensações, o envolvimento é único a cada experiência.

O cigarro para o fumante, o início da tragada é motivada pela ansiedade, fuga de algo, necessidade, dependência; durante, o alívio é imediato; depois, aquela ansiedade inicial voltará e assim o ciclo se repetirá de forma dependente, a cada experiência é sempre a mesma, pois ela não serve para libertar e sim para reforçar a dependência e formar parceria com a necessidade.

No prazer conectado, a pessoa o busca para saciar-se e saciar o outro; satisfazer-se e dar satisfação; envolver-se, entregar-se, sentir a si mesmo e ao outro e não para fugir de si mesma e do contexto.

Com o orgasmo é possível sumir-se, desaparecer toda a consciência, porque o corpo ficará totalmente cheio, repleto do prazer.

Mas sem a ditadura do orgasmo, tá?

Todo o ser fica inundado por ele. Já a outra forma de prazer é a prova da ausência de si mesmo e de autoposse do ser, por fazê-lo para não sentir.

Não é desse prazer que eu falo, e sim do prazer genuíno, curativo, satisfatório, profundo, capaz de promover saúde, bem-estar em todas as suas etapas.

Enquanto o outro é secundário, paga-se alto preço para senti-lo!

Em que se sente satisfação parcial, por exemplo, o consumo de drogas ilícitas, que podem promover sensação de prazer no momento do uso, mas são capazes de causar efeitos nocivos ao organismo.

Quem gosta muito de doce, pela sensação de prazer em comê-lo, passaria o dia todo ingerindo apenas doce; ou, ainda, acreditar que o prazer estaria completo em uma relação em que o homem espanca a mulher e depois faz amor com ela, e os dois se entregam ao orgasmo.

Também, em outra em que a mulher hostiliza e desrespeita o homem o dia todo e à noite vivenciam uma relação sexual orgástica.

Percebe a diferença?

Assuma o cuidado consigo mesma de fazer o que for necessário, sem prejuízo pessoal e a outrem, para vivenciar o prazer conectado de forma integralmente satisfatória.

Em vez de reclamar, ser vítima, aja!

Faça por você!

Pare de reclamar do companheiro que não a aquece antes do sexo, não a faz "daquele jeito", "não a convida para jantar e depois…", "gosta mais do futebol do que de sexo".

Troque a reclamação, cobrança, pela sedução, ação, conversa regada a um bom vinho, fazendo aquelas carícias que você gostaria que ele fizesse em você e, olho no olho, diga o quanto seria gostoso receber isso dele.

Não que seja obrigada a fazer tudo, mas a fazer algo, de coração, pelos dois! E convidá-lo a fazer o mesmo.

EM MIM NINGUÉM BATE!

O que um homem poderia fazer comigo,
se eu mesma me estapeava?

Várias vezes diante do espelho, eu batia em minha face.

Achava ridículo esse negócio de chegar diante dele e dizer que eu me amava.

Minha "inteligência" não permitia, além de outras justificativas.

Na verdade, pseudojustificativas!

Porque a verdade é que eu não me amava, portanto qualquer coisa que se direcionasse a eu enfrentar essa realidade, eu a julgava de ridícula.

Como eu me agredia com beliscões e tapas na face, dizer "eu me amo" diante do espelho seria mostrar a cruz ao diabo.

Usei a expressão homem na frase inicial, mas poderia ser uma mulher contra a outra. Pior, contra si mesma!

A questão é que nem todos os homens são maus, nem todas as mulheres são vítimas.

É sua sintonia que vai dizer quem é quem, e qual você escolhe.

Vamos conversar mais sobre isso no próximo livro, no aspecto espiritual dessa atração negativa.

E o principal é que todos podemos deixar de ser maus a nós mesmos, parar de atrair quem está em desafio existencial para nos agredir.

Eu era a pior pessoa para mim mesma!

Ao me estapear, dizia por meio da da autoviolência que não me amava.

Há agressões visíveis e outras disfarçadas.

Que amor é esse em que a mulher já fez 14 lipoesculturas e continua insatisfeita com seu corpo?

Faz sexo sem preservativo consciente dos riscos à sua saúde?

Qual o nível de amor de tantas outras que fazem sexo sem preservativos, em um relacionamento desleal, para não perder o parceiro?

Como se ama a mulher que sente vergonha dos próprios seios?

**Porque se nos agredimos de algum modo,
alguém fará o mesmo conosco!
Porque se não acreditamos merecer amor, atrairemos pessoas
para nos trair!
Porque se não nos dermos amor, seremos mulheres carentes e
sobrecarregaremos nossos relacionamentos!
Porque se não nos amarmos através do autoamor, bloqueamos a
chegada de mais amor.**

Quando nos detestamos, atraímos pessoas para reforçar que não valemos nada.

Caso alguém venha até nós para nos amar, nós iremos julgá-los como fracos, frouxos...

Sentiremos aversão a eles!

Sabe por quê?

Quando nos odiamos, vemos como ridículos os atos do amor!

Amizades traiçoeiras, companheiros abusadores, chefes perseguidores se aproximaram de nós por causa de nossa energia.

A questão não está somente neles.

Está também em quem se relaciona com esses perfis.

Temos um pouco deles, eles têm um pouco de nós, entende?

Existe um elo negativo entre os dois lados.

Caso fique jogando toda culpa ou responsabilidade na outra parte, você estará se enfraquecendo.

Dar amor a si mesma, namorar o próprio corpo, falar coisas lindas para si vai te dar asas ao encontro do autoamor.

Será libertada da necessidade de alguém lhe dizer que não vale nada.

Porque você pensa, sente, acredita que merece o amor.

Só o amor se aproximará de você!

Só o amor emanará de você!

Ser vítima de abuso sexual me marcou intensamente, de forma negativa.

Acreditava que eu era alguém do mal, desprezível, para receber o que recebi.

Pois só tinha justificativa abusar de uma menina: se ela fosse uma criança ruim.

Para resolver isso, ou reforçar essa experiêcia, o que eu fazia?

Abusava de mim mesma e atraía pessoas para fazerem o mesmo.

Infelizmente, nós mulheres nos sentimos culpadas até pelo que não podemos evitar.

Costumo dizer que se a mulher não for culpada de alguma coisa, em uma dada história, é porque a culpa é do útero.

Ou seja, esse ranço de culpa tem íntima ligação com a autorrejeição.

Rejeitar nosso corpo é rejeitar nossa sexualidade.

Só existe uma maneira de você não apanhar, nem de você, nem de ninguém!

Ame-se!

Dê-se amor!

Elogie a si mesma!

Faça amor com você!

Autoamor.

Quando você estiver se amando demoradamente, sem julgamentos, prazerosamente...

Quem se aproximar de você fará o mesmo!

Caso alguém lhe tenha agredido, pergunte a si mesma, e observe como se sente em cada questionamento.

Caso você não queira se questionar, ou acha isso um absurdo estará se condenando a continuar onde você está. Na condição de vítima.

Por favor, abra seu coração e vá para a vida linda que lhe pertence. Prossiga...

Pergunte a si mesma:

1. O que em mim precisou disso?

2. Observe o que vem, sem julgamento, e o que sente.

3. O que ainda não é perfeito?

4. O que é necessário para que fique perfeito?

5. O que pode ser melhorado?

6. Eu desejo que seja melhorado!

7. Por último: Agradeça!

Como vou agradecer pelo que me aconteceu?

A gratidão libera da necessidade de precisar de algo ruim.

Quem está na sintonia de ser agredida sente muita raiva de si mesma, por isso atrai agressores.

Raiva atrai raiva!

Gratidão libera perdão, paz!

Ao voltar para você, reconhecerá seu poder para mudar a frequência, deixar de atrair maldades contra você.

Mesmo que você não aceite isso, tente.

Continuar do jeito que está, fazendo o que sempre fez, atrairá o que sempre atraiu.

Mudar a frequência do sentir raiva, pelo sentir gratidão.

Com a gratidão nós aprendemos.

Com a raiva nós nos repreendemos.

Não significa que você não deva denunciar o agressor.

Denunciar é uma das formas de aparecer com sua condição de vítima.

Mas também é a maneira de você dizer adeus a esse lugar que não lhe pertence.

Demorei a falar sobre o que me aconteceu. Comecei com a terapia, médicos, depois para meu marido e algumas pessoas.

Fiz diversas tentativas de dizer às minhas filhas, mas sempre algo me segurava.

Esse algo era o medo do julgamento.

O que elas pensariam de mim, sua mãe? Como elas reagiriam? Seria positivo ou negativo?

Agora, contei a vocês neste livro.

No próximo, escreverei sobre a questão espiritual do abuso, e a força do perdão como capaz de nos ajudar a reencontrar com nós mesmas, e sermos felizes!

Esse novo livro tem prazo para entrega!

Deus por diversas vezes já me disse que eu precisava entregar este, que também faz parte de minha missão de vida, para publicar o próximo.

Vários *insights* e anotações já foram feitas, mas ele já está pronto no plano espiritual, somente o materializarei, a pedido de Deus.

Meus irmãos ainda não sabem dessa parte de minha história...

Eles saberão!

O que virá?

Meus colegas de trabalho...

Eu tenho uma dolorosa e linda história de vida e ponto.

Apenas sei que eu me amo e posso me amar mais ainda, principalmente quando algo não der tão certo.

Não espero passarem a mão em minha cabeça, nem sentirem pena de mim.

Essa sensação é para quem ainda se sente vítima.

Já me despedi desse lugar!

Não preciso disso.

Eu sou uma vitoriosa!

E você também é!

Diga com todo o seu ser:

De agora em diante, EM MIM NINGUÉM BATE!

EU SOU AMOR!

SÓ O AMOR SE APROXIMA DE MIM!

SÓ O AMOR SAI DE MIM!

Estou curada da depressão e do transtorno bipolar.

Terminei este livro na mais plena saúde e felicidade.

Eu consegui. Você também consegue!

X – O SEGREDO

Fazer amor consigo é o maior segredo.
Conectar cabeça, coração e pelve é o reflexo desse segredo.
E o sucesso é exatamente a mistura dos dois, em que você estará inteira consigo mesma.
Sucesso repleto de alegria e amor.
Sucesso sem concorrência com ninguém,
pois não precisará disso.
Sendo única, você não tem concorrente!
Sucesso que traz paz e desfrute da vida.
De posse de sua sexualidade, sim. Você pode tudo isso!
Nessa inteireza consigo, Deus se manifesta!
Entrará luz em sua vida para suas escolhas e realizações, no amor, carreira, na vida amorosa.
Sucesso sem essa ligação pode até levar ao suicídio, porque é o ego quem pedirá mais e mais.
Ele gera insatisfação porque é poço sem fundo.
Ao reconectar-se com você, Deus se manifestará.
E tudo que é para o Bem Maior é para o seu Maior Bem.
Isso é sucesso!
Sucesso cheio de amor, olhe que lindo!

CABEÇA. CORAÇÃO. PELVE

Fazer amor consigo, eu me amar, dar amor a mim mesma, me faço amor, eu sou o amor!

Ao se tratar dessa forma, os outros também lhe tratarão dessa forma!

Cada uma de nós tem o jeito de sentirmos o clímax, sem precisar de um parceiro.

Amar a dois é se entregar e receber!

Amar a si mesma é dar e receber de si mesma!

Duas forças, dar e receber só para nós.

Em agradecimento, louvor pela vida.

Reverência ao prazer, onde Deus mora.

Prazer de viver!

Ao fazer amor com você mesma, reconectar-se-á com a fonte da vida, vitalidade, sexualidade.

Você ficará inteira!

Quem está inteira não vive pela metade.

Viverá o sucesso na vida pessoal, profissional, nas relações de amizade.

Em tudo!

Porque você estará inteira.

Como fazer autoamor?

No seu quarto, tranque a porta, coloque o ambiente do jeito que acalme...

Lembre-se: é sua lua de mel com você mesma!
Não é lindo isso?

Luz, cortina, horário, música, tome uma ducha e só você...

1º Faça o *grounding*, sinta cada etapa, respire bem devagar, solte bem devagar.

Você pode escolher ficar sentada, em sua cama, ou deitada.

Eu prefiro me deitar, isso me relaxa mais, fico mais à vontade.

Tomo banho e já fico nua, me alongo, faço o *grounding*, me sento em minha cama.

Como uma fruta picadinha, bem devagar, sinto-me mastigar cada pedaço, engolir, junto com a respiração.

Escolha a fruta de sua preferência.

É para ativar o paladar sensorial, o mastigar, a ingestão...

2º Comece a se acariciar dos pés à cabeça.

É sua lua de mel consigo!

Tudo o que você gostaria que seu parceiro lhe fizesse, você vai fazer!

Dedinho dos pés, passe a mão, sinta!

Suba para os peitos dos pés, a planta, os tornozelos...

Acaricie-se!

Panturrilha, joelhos, frente e trás.

Lembre-se, você está dizendo "eu me amo" a cada parte de seu corpo!

Sinta com o coração que realmente você diz "eu me amo"!

Continue...

Coxas, virilha, glúteos.

Passe as mãos bem suavemente entre as virilhas, toque levemente a vulva, o ânus. Fique um bom tempo, sinta-os, ame-os!

Converse com eles.

Qual palavra lhe vem à mente?

O que você diz a eles?

Acaricie sua barriga, os quadris, cintura, percorra todo o seu corpo da pelve aos seios, frente e costas.

Afague os seios, demoradamente...

Todo o tórax merece seu amor, dê-lhe!

Passe as mãos por todas as costas, pescoço, nuca, ombros.

Seu rosto, boca, nariz, orelhas, cílios, sobrancelhas, dê-lhes o seu amor.

Passe as duas mãos, indo e vindo, em sua cabeça, converse amorosamente com ela, seus cabelos...

Bem amorosamente, prepare-se para entrar em você em sentimento.

Entre, sinta seu coração, pulmão, rins, fígado, pâncreas, intestinos, estômago...

Cada órgão recebe seu amor, converse amorosamente com eles, agradeça-os por mantê-la viva.

Ossos, sangue, cada célula, ame-os!

Terceira etapa.

Passe as duas mãos de baixo para cima, do umbigo até a virilha, bem suave, por cinco minutos.

Juntas, as mãos descem do umbigo até a virilha, voltam até o umbigo.

Sinta, sinta.

Bem no ritmo da respiração, indo e vindo, as duas mãos juntas.

Após os cinco minutos, desça com as mãos até a vulva, acaricie-a por fora, sinta...

Fique uns três minutos gostando de sua vulva.

Comece a se acariciar por dentro...

Cada lábio, passe levemente, suavemente, no ritmo da respiração, sinta.

Fique uns três minutos e pare.

Sinta sua respiração.

Observe que pensamento lhe vem.

O que as vozes internas lhe dizem sobre você se amar desse jeito.

Volte a percorrer as duas mãos do umbigo até a virilha, uns dois minutinhos.

Daí comece a se acariciar por dentro.

Deixe que seu corpo lhe diga como...

Conhecendo e se sentindo por dentro.

O objetivo não é sentir o orgasmo.

Ele pode até brotar espontaneamente, mas continue se amando até o final.

Sem pressa, não acelere, mantenha os toques no ritmo da respiração.

Fique se amando por dentro de sua vagina por uns dez minutos.

Última etapa:

Faça o caminho de volta...

Acaricie a vulva, a virilha, até o umbigo.

Da barriga até os seios, axilas, braços.

Passe as mãos nas coxas, pernas, pés.

Percorra até a cabeça, acaricie-a, costas.

Pare com as duas mãos no coração e agradeça.

Deixe vir o que é para ser dito, bem baixinho, fale.

Coma mais um pouquinho da fruta, bem levemente...

Despeça-se do momento com as palavras que lhe vêm.

Não julgue o que vir, deixe fluir.

Fique o tempo necessário para parar e sair do quarto, se for o caso.

Faça uma vez por mês!

Esse é o segredo!

Guarde-o com você!

Faça-o por você!

Anote mês a mês as melhorias.

Sim, você só terá melhorias em tudo em sua vida.

Observe em seu trabalho, relacionamento pessoal e interpessoal.

Você entrará na sintonia do amor.

Esse é o sucesso!

O sucesso no conceito do Criador.

Ao dar amor incondicional a si mesma, você irradiará amor aos outros e ele voltará para você.

Seja em seu trabalho, relacionamento...

Anote tudo o que você sentiu. Deixe que as palavras venham ao seu coração e anote, para você conferir as grandes transformações.

No início nossa mente nos chama de boba, burra, joga toda carga negativa sobre o processo.

Tenta nos convencer de que isso é ridículo, nem funciona.

Passei por esse caminho, como boa aprendiz não "botava fé", mas percebi que nada mudaria se eu não tentasse.

Continuar do mesmo jeito nos dá o mesmo resultado.

Decidi conversar comigo mesma, só tenho benefícios.

Sou minha melhor ouvinte, amiga, companheira.

Desejo que você se permita!

1. Cabeça

Em uma etapa inicial, para eliminar as crenças negativas sobre pensar no prazer, é bom fantasiar sexualmente.

Quanto mais se permitir, maior o comando para o cérebro de que você merece o prazer.

Maior a segurança para pensar em algo que acende sua libido e ter o domínio sobre o que se pensa.

Essa segurança torna a mulher mais assertiva na hora de se envolver com alguém.

Ela tem o domínio de seu desejo, por meio da fantasia. Não é porque ficou acesa que irá para a cama. Somente irá para a cama se escolher fazer isso.

Às vezes, só de olhar um homem que fazia meu estilo, eu percebia minha libido.

Dizia ao meu marido: amor, corre para casa...

Canalizo minha energia sexual em meu casamento.

Depois dessa experiência você irá para a nova etapa, em que a fantasia sexual não será mais necessária.

Ela está em nós, e a fantasia é só para acioná-la, porque ainda precisamos disso até aprendermos o caminho...

Porque ao fazer amor consigo o desejo sexual já estará em sua cabeça, coração e pelve, sem necessidade de fantasiar.

Caso precise da fantasia sexual, use-a, sem culpas.

Nada de errado, pois a nova etapa pode precisar dela para ser vivenciada.

Não se preocupe nem se sinta culpada por nada!

É uma experiência, e cada uma de nós temos nosso tempo.

Comece por respeitar seu tempo em relação a tudo isso.

Sem cobranças! Apenas se entregue, aprenda e desfrute.

Na fase da fantasia sexual, desfrute.

2. Coração

Segurança para falar, tranquilidade para ouvir, capacidade de agradecer em vez de reclamar.

O coração jamais nos engana!

Você tem o hábito de se perguntar qual é seu desejo?

Faça isso.

Quando surgir algum desafio no amor...

Sempre surge, rsrs. Pare, inspire lentamente, solte bem devagar o ar, por três vezes, coloque as duas mãos bem no rumo dele, e se pergunte:

Qual é a melhor solução?

Ouça a resposta dada pelo coração.

Como saber se é o coração quem diz?

A primeira resposta é a resposta dele.

Cuidado para não se confundir. No início sempre acontece, porque a ligação com ele ainda é fraca.

Bate a dúvida. A mente tenta justificar. Pensa-se ser algo bobo...

Ninguém foi educado para ouvi-lo, mas para não ouvi-lo.

Dizem até hoje ser coisa de poesia, "alternativismo", coisa de gente fraca.

Só que não!

No coração moram a intuição e nossos desejos.

Quanto mais perguntar a ele, maior será a conexão, escolhas mais felizes.

A boca fala do que o coração está cheio!

Vamos encher nossos corações de coisas boas.

Coloque as duas mãos em seu coração e repita comigo:

"Bendita sou por ser sexual".

"É maravilhosa minha sexualidade, ela é luz, saúde, prazer, força, amor e alegria para meu corpo".

"Obrigada por minha sexualidade, de agora em diante descobrirei e realizarei todos os meus desejos, usando essa energia "totalmente canalizada para a expressão do amor!"

Sempre que seu coração pedir para você falar, fale!

Pedir para calar, se cale! Pedir para fazer amor, peça! Ouça você antes de qualquer pessoa.

NO AMOR

Qual é seu desejo?

O que você sente por seu parceiro?

Você fala aquilo que arde em seu coração, ou engole, se cala, não fala?

Você sabe o que sente e quando sente e por que sente?

NA CARREIRA

O que eu amo fazer nessa vida?

O que eu sinto por meu trabalho?

Posso confiar nessa pessoa?

Devo falar com o chefe?

Qual a melhor solução?

O que devo fazer?

3. Pelve

As mulheres pegam mais em seus cabelos da cabeça do que em sua pelve, enquanto os homens tocam mais seu órgão sexual do que qualquer outra parte de seu corpo.

Enquanto os homens são totalmente ligados à pelve, esse contato nos foi proibido.

Feche as pernas, não mostre a calcinha...

Sempre nos trataram como feias se, porventura, ousássemos tocar nossa pelve!

Para mantermos nossa "beleza" abrimos mão de tocarmos nosso corpo com amor. No lugar desse afeto, nos sentimos culpadas, envergonhadas de acariciarmos a pelve.

Essas crenças negativas não foram boas para nós, porque trouxeram as seguintes consequências:

- ✓ Falta de prazer.
- ✓ Ausência de desejo sexual.
- ✓ Vaginismo.
- ✓ Falta de lubrificação.
- ✓ Dor psicológica ao fazer sexo.
- ✓ Orgasmo fraco ou ausência de orgasmo.
- ✓ Faz-se muito sexo, mas não sente prazer.

Nem para eles, porque não foi algo espontâneo, de amor-próprio, mas exigência machista de provar masculinidade. Sofrem:

- ✓ Ejaculação precoce.
- ✓ Individualismo sexual.
- ✓ Disfunção erétil.
- ✓ Outros problemas sexuais são consequências da educação machista.

Consequência: falta de prazer, vaginismo, falta de lubrificação, dor ao fazer sexo, orgasmo fraco ou ausência de orgasmo, ou faz-se muito sexo, mas não há prazer.

Mas, agora você já sabe se amar integralmente!

CONTINUE A FAZER AMOR CONSIGO!

É uma caminhada, e nela cada vez mais eu desejo contribuir para que estejamos verdadeiramente empoderadas, pois poder é viver e realizar todos os nossos desejos, pois eles são a confirmação do que nos faz feliz. É onde Deus mora!

Por isso, já está em fase de conclusão um curso virtual, bem íntimo, bem detalhado, com exercícios para potencializar a sexualidade e melhorar a vida da mulher em tudo!

É uma forma de estarmos juntas, colaborando mutuamente para que em vez de inveja sintamos a imensa alegria e gratidão por sermos mulheres, que vibram com a felicidade, sucesso das outras, e ainda curamos nossas feridas!

TUDO IRÁ BEM EM SUA VIDA, GRAÇAS A SUA SEXUALIDADE

Que só o amor se aproxime de você.
Que só o amor esteja em você.
Que só amor saia de você.
Seja sempre a manifestação de Deus, da Força Criadora, da Energia da vida.
Seja sempre sua sexualidade, e sua sexualidade seja você!
E voe como os pássaros que cantam, simplesmente por viver!
Receba meu amor através deste livro.
A gente se encontra no próximo!
Eu te amo!

REFERÊNCIAS BIBLIOGRÁFICAS

HELLINGER, Bert. *A Simetria oculta do Amor*. 5ª ed. São Paulo: Cultrix, 1998.

LOWEN, Alexander. *Amor, Sexo e seu Coração*. 3ª ed. São Paulo: Summus, 1990.

_____. *Amor e Orgasmo*: Guia Revolucionário para a Plena Realização Sexual. 4ª ed. São Paulo: Summus, 1998.

_____; LOWEN, Leslie. *Exercícios de Bioenergética*: O Caminho para uma Saúde Vibrante. 8ª ed. São Paulo: Ágora, 1985.

_____. *Medo da Vida*: Caminhos da Realização Pessoal pela Vitória sobre o Medo. 9ª ed. São Paulo: Summus, 1986.

_____. *O Corpo em Terapia*: A Abordagem Bioenergética. 10ª ed. São Paulo: Summus, 1977.

_____. *O Corpo em Depressão*: As Bases Biológicas da Fé e da Realidade. 6ª ed. São Paulo: Summus, 1983.

_____. *Prazer*: Uma Abordagem Criativa da Vida. 7ª ed. São Paulo: Summus, 1984.

PENNA, Lucy. *Corpo Sofrido e Mal-amado*: As Experiências da Mulher com o Próprio Corpo. São Paulo: Summus, 1989.

ROBBINS, Anthony. *Desperte Seu Gigante Interior.* 19ª ed. Rio de Janeiro: BestSeller, 2010.

ROSNER, Stanley; HERMES, Patrícia. *O Ciclo da Autossabotagem.* 6ª ed. Rio de Janeiro: Best-Seller, 2009.

Para mais informações sobre a Madras Editora, sua história no mercado editorial
e seu catálogo de títulos publicados:

Entre e cadastre-se no site:

Para mensagens, parcerias, sugestões e dúvidas, mande-nos um e-mail:

SAIBA MAIS

Saiba mais sobre nossos lançamentos, autores e eventos seguindo-nos no facebook e twitter: